我们　Lost in
　　　Solitude,
在　　Until
　　　I Found You

孤境相遇

沐泽川 / 著

电子工业出版社
Publishing House of Electronics Industry
北京·BEIJING

未经许可，不得以任何方式复制或抄袭本书之部分或全部内容。
版权所有，侵权必究。

图书在版编目（CIP）数据

我们在孤境相遇 / 沐泽川著. -- 北京：电子工业出版社，2025.7. -- ISBN 978-7-121-50546-1

Ⅰ．C912.3-49

中国国家版本馆 CIP 数据核字第 20253EB942 号

责任编辑：赵诗文　　文字编辑：韩玉宏　　营销编辑：王俊峰
印　　刷：三河市鑫金马印装有限公司
装　　订：三河市鑫金马印装有限公司
出版发行：电子工业出版社
　　　　　北京市海淀区万寿路 173 信箱　邮编：100036
开　　本：880×1230　1/32　印张：9　字数：230.4 千字
版　　次：2025 年 7 月第 1 版
印　　次：2025 年 7 月第 1 次印刷
定　　价：49.00 元

凡所购买电子工业出版社图书有缺损问题，请向购买书店调换。若书店售缺，请与本社发行部联系，联系及邮购电话：(010) 88254888, 88258888。

质量投诉请发邮件至 zlts@phei.com.cn，盗版侵权举报请发邮件至 dbqq@phei.com.cn。

本书咨询联系方式：(010)88254210，influence@phei.com.cn，微信号：yingxianglibook。

这个世界很大

这个世界也很小

大到没有边际

小到也只有一个你

我们之间的缘分都是浅薄的

如果能多见

我们就多见见

随着年纪的增长
以前的记忆会越来越清晰
这些记忆或许存在偏差
但正因为日记本上失去了笔迹
朦胧的面纱才将往事变得深刻

你害怕这个世界吗

或者像我一样要逃离现实

从而陷入思想的旋涡

选择一个人跳进井里待着

井里是黑暗的

我们要断绝与外界的联系

从而获得自由

这很难

掉进井里很容易

有时候是一个意外

有时候却是故意的

可是不要担心

井边站着很多人

他们希望你回归

他们在你独自面对黑暗的时候

把手伸进来将你拽出去

如果你觉得全世界都抛弃了你

你一定要大喊救命

让身边路过的人知道你有危险……

他们会过来的

简单的问候

简单的关心

简单的一天

简单的交集

简单的聚会

简单的关系

温暖且安心

对于朋友

对于爱人

对于家人

我们都不要做攀缘的凌霄花

要做木棉

看着对方伟岸的身躯

开出火炬一样的花朵

为对方照亮前方的路

做自己一直想做却始终未能做的事

坚持自己一直在做的事

做别人不认同但自己坚信的事

正如我们必须活着

正如活着就要勇敢做自己

哪怕自己退缩

哪怕自己反悔

若不去做

又怎能知道你就是你自己呢

你要做的

无非是到了季节执意开花

不必在意是雨雪还是风霜

既然本就如此

雨雪风霜就会将你最美的姿态映衬而出

心里空荡的时候

总想去更空荡的户外

或许这样才能用照进眼里的事物填补自己的内心

……

小时候的我表面很脆弱

虽然总是哭

可内心哪里懂悲欢离合

现在的我表面很冷漠

看上去越来越坚强

可内心敏感得要命

而为了逃避难过

我会准确地避开让我伤心的事

就假装什么都没有发生吧

只有自己变得强大了

有实力了

才能给周围的人带来更多的爱

想回到过去

时间却不会给我机会

就算回去了

我会重新做出选择吗

或许工作和生活轨迹可以改变

可对于情感的选择

也许什么都不会变

任何人之间的相处
不要看他说了什么
而要看他做了什么
不要听别人口中的他
而要看你眼里的他

这个世界上没有人不孤独

这是谁都不能回避的话题

正因为孤独

我们才有了相见的机会

人这一辈子就活了个内心强大

从今若许闲乘月

拄杖无时夜叩门

我总觉得自己很孤单

可是你看看我身边这些人

我又何时孤单过

前言
Foreword

在创作《大河两岸 岁月兰州》这部作品时，我曾引用《论语》中的经典语句，"子曰：'学而时习之，不亦说乎？有朋自远方来，不亦乐乎？'"当时，我引用它，是为了深入解读"说"和"乐"这两个字的读音。在构思新书的过程中，我一度打算以"不亦乐乎"作为书名。这个想法的萌生，原因清晰明了。我渴望以身边人的故事为素材，创作一本充满温情、引人思考的书。通过这本书，我希望向读者展示我的社交圈，讲述我在人际交往中的点滴，包括我是如何结识他人、怎样对待别人，以及身边人又是如何回馈我的。其中蕴含着对情谊的珍视和理解，我期待这本书会让你更加了解身边的人，也更加了解自己。

然而，随着思考的深入，我意识到以"不亦乐乎"作为书名，或许会给读者带来一种阅读难度高的假象。这句话的古文化气息犹如一道门槛，可能使读者在尚未翻开书页时，就对书的阅读难度产生担忧。毕竟，不是每一位读者都对古文化有着深入的研究和理解。经过权衡，我最终将书名确定为《我们在孤境相遇》。这个书名传达出一种平等、亲切的体悟，就像我在轻声诉说着我们共同的故事。我们不仅要看到身边的人，更要通过他人了解自己，知道自己想要什么，最终追求的是什么。

席慕蓉有一首非常著名的诗——《一棵开花的树》：

如何让你遇见我

在我最美丽的时刻

为这

我已在佛前求了五百年

求它让我们结一段尘缘

佛于是把我化作一棵树

长在你必经的路旁

阳光下慎重地开满了花

朵朵都是我前世的盼望

当你走近

请你细听

那颤抖的叶是我等待的热情

而你终于无视地走过

在你身后落了一地的

朋友啊 那不是花瓣

是我凋零的心

这首诗的结尾落在朋友离去的感伤中，可我想让你和我重拾这一颗感伤的心。

我一直有一个强烈的愿望,那就是书写身边人的故事。需要强调的是,我并非要为他们高唱赞歌,将他们塑造得完美无瑕。在我眼中,他们是一群独特的个体。一方面,他们在各自的领域里都展现出非凡的成就,或在学术领域有着卓越的建树,或在艺术殿堂里留下了深刻的印记,或在商业世界里创造了令人瞩目的成就。另一方面,他们也是普普通通的人。他们和大多数人一样,每天过着忙碌而充实,同样也焦虑的生活。清晨,他们迎着朝阳奔赴工作岗位;傍晚,他们拖着疲惫的身躯回到家中,难逃柴米油盐的琐碎日常。在生活的重压下,他们依旧坚持自我,又适时调整自己,为了梦想和生计努力拼搏。

我之所以想要把他们的故事写下来,是因为我希望读者能够从这些故事中感悟到一点:人与人之间,并没有那么大的差距。

我们常常仰望那些成功的人,觉得他们遥不可及,似乎与我们生活在不同的世界。但实际上,他们也是从平凡中走来,并一步一个脚印地迈向成功的。对于成功的定义,并非只是社会地位和金钱,最重要的是对自己专注的事有所成就,最终有一个结果。而有所建树的关键,往往离不开"工作"和"生活"这两个重要因素。这里的"工作",并非指机械地打卡上班、完成既定任务的简单模式,它有着更为深刻的内涵。真正的工作,是在自己热爱的领域或者本职工作中,持续不断地投入精力和创造力。这是一种全身心的投入,是对梦想的执着追求。我们也可以在生活中找到成功的定义。比如培养儿女,比如安定喜乐。在这个过程中,人们不仅能够实现自我价值,更能找到生命的意义。就如同《道德经》中所说:"是以圣人后其身而身先,外其身而身存。非以其无私邪?故能成其私。"在这一章中,我领悟到了深刻的人生智慧。它告诉我，不要把自己看得过于重要，当我放下自我，以一种谦逊和包容的心态去对待世界时，反而能够赢得他人的尊重和认可，从而让自己变得更加重要。同时，当我用心去成就他人，帮助他们实现梦想时，我自己也会在这个过程中成长和进步。这种相互成就的关系，就如同天地和万物的关系。天地之所以能够长久存在，是因为它们不为自己而生。它们默默地滋养万物，虽然没有为自己谋取任何利益，却孕育出世间的一切生命。这种无私奉献的精神，使天地拥有了永恒的生命力，也便是"天地所以能长且久者，以其不自生，故能长生"所蕴含的"天长地久"。

在探寻情谊的内涵时，我们不禁要问：何为"朋"？何为"友"？这两个字看似简单，却蕴含着丰富的含义。在古代文化的宝库中，我们可以找到许多关于它们的解读。《山海经·北山经》中提到"群居而朋飞"，简短的语句为我们勾勒出一幅群鸟飞翔的画面，让我们对"朋"的概念有了一种直观的感受。而在《说文解字》中，"朋"从"亻"部为"倗"，解释它的时候引用了一句话："凤飞，群鸟从以万数，故以为朋党字。"这里通过对凤凰飞翔、群鸟相随这一壮观场景的描述，赋予"朋"字更为丰富的象征意义。在《周礼·地官·大司徒》里，郑玄注解"五曰联朋友"时说："同师曰朋，同志曰友。"从另一个角度为我们揭示了"朋"与"友"在古代文化中的内涵。在古老的甲骨文、金文和小篆中，"友"字的写法都是两只手相握的模样。这一独特的书写形式跨越了时空，向我们讲述了古代人们对"友"的理解。它生动地展现了朋友之间那种亲密、扶持的关系，也让我们明白，握手礼并非西方文化所独有，在我们古老的东方文化中，早已有了类似表达友好的方式。

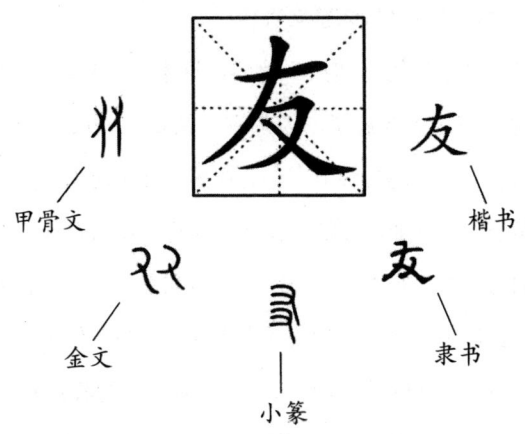

甲骨文　楷书　金文　隶书　小篆

在现代汉语的语境中,"朋"和"友"这两个字已经紧密相连,组成了一个我们耳熟能详的词语——"朋友"。"朋友"这个概念,已经深深地融入了我们的生活和社交之中。

有一首著名的苏格兰民歌《友谊地久天长》,它作为电影《魂断蓝桥》的经典主题曲,以悠扬动人的旋律和深情真挚的歌词,打动了无数人的心。这首歌后来被翻译成多种语言版本,在世界各地广泛传唱。其中有一段歌词翻译如下:"我们往日情意相投,让我们紧握手,让我们来举杯畅饮,友谊地久天长。友谊万岁,万岁朋友,友谊万岁。举杯痛饮,同声歌颂友谊地久天长。"从这段歌词中,我们可以感受到那种对友情的深深眷恋和对友谊长存的美好期许。无论在东方文化中,还是在西方文化里,对于"友情"的定义和期许都有着惊人的相似之处。友情,是一种跨越时空、跨越文化的情感纽带,它承载着人们对真挚情感的向往和追求,那就是希望友谊能够像天地一样——天长地久。而朋友关系可以来自父母,可以来自爱人,可以来自长辈,可以来自儿女,可以来自能给你精神力量的任何人,甚至包括小宠物，他们都可以与你建立情感。

最近，我读了《等一切风平浪静》这本书。它在2024年一经问世，便迅速在市场上掀起了一股热潮，销量十分火爆。在阅读过程中，我注意到一个有趣的细节。作者在第132页对人生大事进行了排序，依次是娱乐、事业、爱情、友情。他将友情放在最后一位，然而在整本书的内容中，却大量地描述了爱情和友情。对此我思考良久，或许作者是在过去重要的人际关系中遭受过背叛和伤害，才做出这样的排序吧。我并不想对他的观点进行反驳，因为我深知，每个人在人生的不同阶段，都有着不同的经历和感悟。人生就像一场漫长的旅行，我们在不同的时期会看到不同的风景、遇到不同的挑战，这些经历塑造了我们对世界的看法。在某些时刻，我们发现一些曾经以为永恒的关系，随着时间的流逝，戛然而止。这种失去，往往使我们感到痛苦和失落，因为这些真挚的情感关系就像人生中的奢侈品，它们来之不易，需要我们用心去呵护和珍惜。而且，它们往往难以长久地维持，需要我们付出巨大的努力。这些重要的关系，是我们在漫长人生道路上的期许和寄托，它们给予我们温暖和力量。我想对读者说，他所列出的顺序并没有错，只是换一种说法可能会更加合适，那就是：人生目标难度排序。

在我看来，真正的情谊是人生中最宝贵的财富，同时也最难获取。它们不像物质财富那样，可以通过努力工作或者机遇就轻易获得。爱情、友情和亲情都需要我们用一生的时间去验证，需要我们用无数的记忆去编织，用漫长的时间去沉淀，用默默的陪伴去呵护，用丰富的经历去滋养，用人性的光辉去照亮。其中的每一个环节，对自己和他人都有着极高的要求。我们需要始终保持真诚、善良、宽容和理解，需要在面对困难和挫折时不离不弃，需要在平凡的日子里相互扶持。正因为这样，情谊才显得如此奢侈。它让我们充满了期许，它在我们心中才更加珍贵。

在这纷繁复杂的世界里，情谊、文化与人生体悟相互交织，正因为它们的存在，时间才能停留在记忆里。我们在其中穿梭，不断地寻找、试错、坚持和放弃……

2024 年 7 月

目录
Contents

第一章　**我们在孤境相遇**
Chapter 01

我路过他生命里的三个十二年 / 007

狗孩子 / 015

有人需要我们 / 022

我在冬天开花 / 027

平凡一点 / 044

吾人难相逢，斯境不易得 / 049

第二章　**让背影停留得更久一些**
Chapter 02

温暖给了我成长的力量 / 065

总有很多双手把我拽出黑暗 / 069

还能回到二十岁吗 / 086

你有人生的至暗时刻吗 / 097

第三章　向上，向前，慢慢走……
Chapter 03

梦中的"香雪海" / 105

狮子王 / 119

黄土高坡上的二八大杠 / 126

仙人掌会在沙漠里向你招手 / 131

红色才是爬山虎最艳丽的颜色 / 135

破茧成蝶的"春虫虫" / 141

第四章　路上的风景都很美
Chapter 04

远方的路 / 155

总是有一些不安 / 163

记忆总在不经意间再次出现 / 167

山野里的生活 / 172

我不是看起来那么坚强 / 178

第五章　朋友圈
Chapter 05

这是一场亲友的聚会 / 194

选择面向阳光的向日葵 / 197

椰子里有一包水 / 206

想见就能见到 / 215

第六章　　诗酒趁年华
Chapter 06

上层楼 / 226

知我者，谓我心忧 / 231

广寒宫 / 238

逍遥游 / 243

第一章
Chapter 01

我们在孤境相遇

"有听众说，你总是显得那么孤独。你孤独吗？"

"孤独，很孤独。我可以很长时间都不跟人说话。我没有伴侣，一个人生活，唯一能跟我说话的就是我爸妈，但是我一两个星期才回去一次。即便这样，我也觉得孤独不是一件坏事，我很享受它。我虽然存在于孤独之中，但我很喜欢。"这是我在冬淇的访谈节目中说的话。

不过说完这段话，我又觉得自己没那么客观。我的内心虽然已经接受了孤独，甚至在享受孤独，但我还是期待能跟其他人建立更为紧密的关系。

社交成本是很高的，不仅体现在吃顿饭或者喝酒的金钱消耗上，更体现在对时间的消耗上。三十五岁以后的生活，一周能和朋友见一次面，已经很不容易了。

每个人都有自己要专注的事情，无论是必须做的工作，还是自己热爱的事业。如果能把娱乐变成赚钱的手段，那简直太好了。

孤独可以激发一个人工作的动力，而社交会激发很多新的想法。

不要放弃心中的理想，优质的朋友会鼓励你一直沿着自己的路走下去。

若把人生的终点比作罗马，有很多条道路都通向那里，可是怎么才能更快捷地走上其中的某一条路，并且找到良师益友呢？

我想最好的办法就是走高速了。只有在高速上，你才能看到每小时跑 100 公里的车。高速路上的人都是优秀的，你跟他们的速度相当时，才能走入他们的平行空间。只有在你超过他们的时候，他们才能注意到你。在这里，是不太容易看到穿梭于街道间的自行车的。

在高速路上，每一辆车都是孤独的。这里没有红绿灯，你不能摇下车窗问路，也不能靠在路边打听方向和路口。

至于你要从哪个出口出去，要去哪个服务区上厕所，要在哪条车道超车，全都要自己判断，或者准备好诸如导航一类的装备。在服务区里，司机们还是有机会见一面的，也仅限于十几分钟。如果要问路，每个人都会给你不一样的说法，或者他们压根就不知道你的出口在哪里。

因为每个人的目的地不一样，他的导航和记忆也只是为他自己量身定制的。如果遇到了同路的车，不妨先临时组成一个车队同行一段，路上相互有个照应也好。

撰写本文的前几天，是作家琼瑶离世的日子。当天下午，我把看到的报道发给了伟子。伟子说她是自杀的，并把公开于网络上的一封遗书发给我，我看到了"翩然"两个字。

八十六岁高龄，想必她正在遭受病痛的折磨。她在遗书里告诉年轻人要热爱生命，她这样做，是因为她已经走到了生命的终点站，离开成了必然的选择。

虽然我喜欢琼瑶的作品，也尊重她的选择，但我不赞同这种自戕的行为。她是无数人热捧的作家和编剧，她的作品也伴随着我成长。她的行为大家都没有站出来反驳，我也没有批判的意思，是因为我理解一个老人想用翩然的姿态离开，留给世间自己最美好的印象。

据我所知，世界上的正经宗教都不赞成自戕这种行为，无论你的性别、年纪和身份。人有幼老，年有春冬，日有早晚，月有圆缺，一切都按照自然秩序在运行。为什么我们可以接受生命的光彩，却不愿体悟生命的悲苦？自戕这种做法显然失去了对天地、对生命最基本的敬畏之心。

我专门为此发了一个视频
如果你愿意，可以看一看

在很久以前，我妈的血糖就居高不下。当她开始重视自己的血糖问题时，眼睛已经出现了病变，她说自己得了飞蚊症。

在这之前，她总觉得皮肤瘙痒，伴随着口干的症状。这些并没有引起她的足够重视，病情发展之快是我们都始料未及的，可她对于自己的认知依旧顽固。

有一天她突然告诉我，自己的一只眼睛变得模糊，我带她去了眼科医院。兰州有家私立眼科医院不用排队，而且是专科医院，我就急忙带她去这里看大夫。

大夫告诉我们，她需要静养，还开了眼药水。让她蒙上眼罩，先静躺一周。可是还没有出医院，她已经在麻将群里约好了牌局，自己打车火速奔向"牌场"，留下我站在风中凌乱。

爸妈都喜欢打麻将，一场牌局下来有十几个小时，从下午一点到晚上一两点，回家还要看电视帮助他们入眠。

即便视力问题已经困扰我妈很久了,她依旧对高糖、高油脂食品保持着热爱。我下班后经常去她那里检查她的背包,将常出现的油果子没收。她喜欢吃"绿色心情"雪糕,一次能吃七根;她喜欢吃三刀蜜、银丝卷、油饼;她喜欢去蛋糕店买点心,买加了很多香精的面包……她喜欢做的事,我劝不住,只能放任。

我无数次地问自己,如果爸妈离世了,我会不会很难过?我会不会沉浸在悲痛和思念中?我想劝告我爸不要抽烟,可我自己也在抽烟,虽然没有烟瘾,但就是想抽,我知道这对身体不好。如今我每天喝很多咖啡和茶水,身边的朋友告诉我要少喝这些,会影响睡眠,牛奶性凉,也要少喝,可我一句都听不进去,虽然我知道他们是为了我好。

七月的一天,我告别了已经失明的母亲,告别了目送我的父亲,他们只问了我何时回来。虽然他们什么都没说,我却深深地感受到他们对我的牵挂。又离开家了,这还是一次只有去程,不知何时返程的出行。起飞时天刚微微亮,不一会儿飞机已经迎着朝阳在前行了。起飞后我睡了一个小时,醒来才吃上飞机上的早餐。舷窗外是厚厚的云层,看不清下方有什么,只隐约可见飞机似乎是沿着黄河而行的。我要从兰州飞往济南,从黄河的西头跑到黄河的东头。山东是爷爷奶奶的故乡,当年他们从黄河的东头跑到西头,一家子从未离开过这条大河。不知他们离家后回去过几次,也不知他们是否是因为爱情走在一起的,反正我依旧是一个人。我从未遇到过纯粹的爱情,从青春情窦初开时,到现今对感情的灰心丧气,像是长大了。可这真的是我想要的吗?我只是不想再寻觅,不想再尝试了,我浪费了最好的年华在这件事情上,也许真的不值得。前几天,我希望自己能做一株木棉,而现在我又不想做木棉了。我一直高举火炬，努力燃烧自己，却始终没有在这个幽暗的森林里找到出口，再这样下去，我就要化为灰烬了。或许望天树才是我想成为的。不，不做望天树，因为探出脑袋的树木总会被大风摧垮。要不做一座青山吧，做别人仰望的对象，可是……青山又有什么好？不过是心如顽石，冰冷的死物罢了。那就做绛珠仙草吧，最起码受人怜惜，可是命薄如纸……做什么呢？做水吧，水不生不灭，只是安静地待在别人都讨厌的低处，沿着自己的道路一路向前。水利万物而不争，万物皆为其所生。可为"凌"，可为"太和"，可为气，可为冰，可为雪，可为雨，可为潭，可为渊，可为溪，可为海，可为饮，可为浴……可万变。不过再怎么变也是 H_2O，故无尤。上善若水，多好。做河伯，做龙王，做洛神，翩若惊鸿，婉若游龙……"我是清都山水郎，天教分付与疏狂。曾批给雨支风券，累上流云借月章。诗万首，酒千觞。几曾着眼看侯王？玉楼金阙慵归去，且插梅花醉洛阳。"我是什么人，皆因你在哪里遇到我；我是什么人，皆因你何时遇到我；我是什么人，皆因你，而不因我。

《往日时光》
演唱：庞龙

我路过他生命里的三个十二年

在爷爷生命的最后一个十二年里,他陪我走遍了小半个中国,彼时的他已进入鲐背之年。我们还一起驾车出国,去越南的芒街来了个一日游。他说这是他第二次出国。

他去世后的第三天,大姑把收拾好的照片拿出来给我们看,其中有一些我跟他的合影,大姑让我收好,剩下的她要全部带走。

我把这些属于我的照片放在车上,其中有一张照片,是他站在麦积山脚下的单人照。

那时的他可能只有三十岁吧,一眼看上去就是个山东大汉:高高的个子,时髦的帆布裤子。因为是黑白照片,我也不能辨认到底是不是牛仔裤。他算不上帅气,但壮实的身体就是他扛起养育一大家子的重担的本钱。

我不知道他具体是什么时间来到西北城市兰州的,只知道大概是在我大姑两三岁的时候,那时我爸还没有出生。我爸说他参加过抗美援朝战争,是从战场上的死人堆里爬出来的,所以脾气倔强,对于亲情比较淡薄。

有些事,我只能从爸妈那里听说,也不便直接询问,除非他自己想说。关于他年轻时候的事,大都是我妈告诉我的,她也是听我奶奶说的。当然,他自己也跟我说了一点。

十四岁那年,他的父亲病死,家里吃不上饭,母亲就改嫁了。有部队经过这里,为了活命他就跟着部队去参加革命了。就这样,他成为一名军人。去朝鲜后,他是个通信兵,负责在各个连队之间传递消息,任务非常艰巨。一旦他被敌人抓住,很多队伍和作战方案就有暴露的风险。

这是他成婚前的故事,就这么简单,我也没有听到过其他的只言片语。

"我想去重庆,你要不要一起去?"

"好,走。"他答应得很痛快。

那一年是2017年的冬天,也是我第一次独自驾车带他外出,还有一个"小朋友"——毛毛。那时候毛毛也只有三个月大,它被独自安排在后座。

因为是冬天,害怕路上有积雪,所以我没有选择走甘南这条路。经过陇南,我们进入四川,第一晚住在广元。他说自己到兰州饭店工作后是车辆科的司机,经常开着卡车在周边的几个省运送货物和食品,这些地方他都去过,但只是因为工作才外出,没有去过什么旅游景点。

第二天,我们从广元出发,目的地是成都。原计划穿过成都再去云南,没想到路上下起雨夹雪,去成都的高速路被封了。我们只好转向开往重庆。又开了一段,天气状况愈加糟糕,最后被路政从高速路上赶了下来。没办法,我们只能慢慢往前开。

在川渝地区不常见到雪,加上天气较为暖和,所以路上的车基本上都没有安装防滑链。一路上,我们至少看到十几辆车卡在路旁的排水渠里。他坐在我旁边,哈哈大笑着说:"我们有防滑链,真是幸运。"

带他出来,不走高速反倒更方便,因为他之前做过前列腺手术,憋不住尿，基本每个服务区都要停一下。而在普通的公路上，我只要找个安全的地方靠边就好了，也不用扶着步履蹒跚的他慢慢悠悠地逛进洗手间。只要没人、隐蔽、野外，具备这三要素，就可以随时帮他解决问题。

开了一天车，终于到了重庆。我先带他去看洪崖洞。我买了个吃了会从鼻子里冒烟的冰激凌给他吃，看着他从鼻子往外冒烟的样子，我哈哈大笑。他说自己走不了多远，就只在洪崖洞的一层穿过了步行街。随后，我俩站在江边，远远地看了一会儿这里的霓虹。

我问他："好看吗？"

"好看，我年轻的时候哪能看到这些。还是你们这个时代好，只不过我老了，活不了几年了。要不是你带我出来，我恐怕再也出不来了。"

"您身体好着呢！您要好好活着，争取活到一百岁。只要您身体好，我随时都可以带您出来。"

这时候的我坚信他肯定能活过一个世纪。

对于他，我三岁以前有一个记忆，这也是我对他最早的记忆。

我躺在床上要喝奶，他半夜起来用奶瓶冲好奶粉递给我。他说我只要想喝奶，两条小腿就会一直蹬，一只脚搭在另一只脚上，这是我要喝奶的信号。

在重庆，我俩还去了李子坝看网红地铁站，还有渣滓洞和白公馆。他说他知道小萝卜头，电视上演的跟这个一模一样。因为年龄问题，除了冒险给他吃了个冰激凌，其他乱七八糟的饭菜我都不敢买给他。我俩在一起吃得最多的就是西红柿炒鸡蛋和米饭，因为很多菜他已经咬不动了。西红柿炒鸡蛋也是他吃得最适口的菜，所以吃饭也不是什么大问题。

到了武隆天坑，因为价格问题，他坚持不坐滑竿，但我没有听他的，而是找了两个壮汉，抬着他走完最难走的一段下山路。

再后来，我们进入贵州，在贵阳落脚，去了龙宫、黄果树瀑布。

到了广西，我们在北海的银滩上放开毛毛，任由它在沙滩上撒欢儿。我们一起看着夕阳，金色的光洒在脸上。

在东兴口岸，我们办了一张一日游的临时通行证，把毛毛寄放在民宿里。我在芒街买了两个从未见过的牛奶果，他说好吃，我说再买一个，他却说不吃了。我们还看了一个法式教堂，印象中好像是蓝色的。街道上的人不多，房子很好看，一幢一幢的都是小别墅，导游说是法国殖民时期留下的。

导游问我们要去哪里，他说要去海边看看。那天阳光很好，虽然是冬季，但这里靠近赤道，温度很适宜。

湛蓝的天空与海水相连，点缀着一丝丝云彩，有几头牛在路边啃食着野草。他选择一块大石头坐下，望着对岸的中国出神。

坐了许久，他对我说："风大了，我们回去吧。"我帮他拿起靠在一边的拐杖，递到他手里。

下一站是西双版纳。

我们一起去了年轻人钟爱的星空夜市。我选了一家摊位坐下来吃晚饭，还特意点了一份芭蕉花做的汤。他说没吃过，但吃起来也没有什么特别之处。我让他坐在摊位上不要走动，又去其他摊位上买了一些羊肉和油炸昆虫。我让他尝尝，他说："这有什么好怕的？我小时候经常吃蚂蚱。"

我很佩服他的勇气，也很崇拜当过兵的人。和他们比起来，我算是个胆小鬼了。

我们去了野象谷，却没有看到一头大象，他说有些遗憾，因为他没有见过大象，这可能是他最后一次来了。

我们还一起去了大理，去了丽江，从泸沽湖返程回到四川，然后抵达兰州。

在2019年，我又带着他回了趟山东老家，途经西安时，拜访了小姨姥姥和小姨姥爷。我们经过河南，从山东平邑县城——奶奶的老家下了高速，县城也变了样。我们沿着海边绕胶州半岛走了一圈，从青岛一直开到连云港，又从南京到了上海，去了乌镇，游了西湖，就这样兜兜转转游玩两个多月。

他起床很早，每天早上六点多就醒了。他躺在床上不敢出声，害怕打扰到我，直到我睡醒，然后我带他去吃早饭。那时候，他的饭量也不怎么好了。我记得我上小学的时候，他的饭量非常大，牛肉面要吃一大碗。

毛毛那时候还不怎么听话。有一次路上放毛毛下车上厕所，要走的时候，它就是不上车，围着车打转，我追了半个多小时。上车后，气得我拿着狗绳就往它身上抽，他看到后心疼地劝我停手："小家伙不懂事，你别打它了。"

在我爸口中，他一贯是个心狠的人。我爸说小时候家里养了一只大狼狗，后来这狗把邻居的孩子咬伤了，他就用绳子把狗吊死在树上了。

我想是不是人到了暮年，都会变得更加和善？反正我从来没有见过他目露凶光的样子。

在我两三岁的时候，爸妈总是加班到很晚才回家，所以白天就把我寄放在爷爷家。有一次他们回来很晚，爷爷就发了脾气，把他们从家里赶出来。因为奶奶也生病,他说以后不再照看我了。我爸妈哭着坐在马路上,不知道该怎么办,就一路从盘旋路走到双城门,把我寄放在大姨奶奶家一段时间。那时候,我的姥姥、姥爷已经过世了。

在子女眼里,他好像总是那么不近人情,每个子女都跟他大吵大闹过。他似乎也从来都不在乎这些。我爸妈、大姑都说他自私,而且不止一次地跟我说过。虽然他给儿女的印象不是很好,但作为孙子的我确实是幸运的。

在我的印象中,他只有一次生过我的气。有个周末我要带他出去吃饭,让他下楼等我,但是我迟到了半个小时。那时他已经返回家里了,我打电话他说不去了。

在我七岁那年,奶奶过世了。奶奶看病花了家里很多钱,爷爷的经济压力一直很大。因为他是家里的靠山,所以白面馒头都是紧着他吃的。

我记得很清楚,奶奶过世的时候,我没有什么难过的感觉。我那时候好像也不知道什么是死亡。她留给我的记忆并不多,只是我会织毛衣的平针法,是奶奶传授给我的,现在还会,从来没有忘记过。因为奶奶的过世,爷爷跟子女们的关系一度跌入了谷底。

奶奶过世一周年,他就步入了第二段婚姻。而他去领结婚证的日子,恰恰是奶奶的忌日。大姑因为无法接受这件事情,跟他大吵了好几次,直到我上高二以后她才愿意再回到自己儿时的家里。那一年继祖母离世,这段恩怨才算是落下帷幕。

"你爷爷已经卧床一个多月了,你最好能早点回兰州。"

家人为了避免打扰我工作,并没有及时告知我这个消息。那段时间我不在兰州,还在外地旅行拍视频。

收到这个消息的时候是虎年的冬季,而他在床上已经躺了三个多月,一切都需要子女在旁照看。大人们都不让孙子辈参与照顾的工作,他们各自轮换着在床前陪他到了生命的最后。

他走的时候是正月,恰恰在我的本命年生日刚过那几天。他是因为肺部感染走的。最后一天晚上,我跟着我爸去家里看他,大姑和三叔陪在一旁。他艰难地喘着最后几口粗气,气息变得短暂而高频。

"爸,涛涛来了……"

"爷爷,我是涛涛,您能听见我说话吗?"

他睁开眼睛看了看我,艰难地点了点头……

身边人说话的声音变得越来越轻,房间里凝滞的空气随着他的呼吸声慢慢地从每一个人眼前被抽走,整个房子都变得真空了……

整整三十六年。因为他的离世,那一年我没有依照传统穿上红色的内裤和袜子。

"孙子们谁在?去,拿着面粉撒出去。"

来家里帮忙的人让我拿着面粉,要从床边一路撒到大街上。这应该是兰州的丧葬习俗,意思是要把人的灵魂引出去。

三婶陪着我。她提着塑料袋,我就从塑料袋里一把一把地掏出面粉,引着他走出了院子大门。当最后一把面粉撒出去的时候,我再也忍不住,泪水像豆子一般溢了出来。

"爷爷,您走好!"此时,我已经看不清眼前婶婶的脸了。

"别哭了,我们回去吧。"三婶挽着我的胳膊,她可能觉得我会摔倒吧。

从那以后,我们家的黄豆咸菜失传了,也没有人做杠面饼子给一家人吃了。他做的粉条红烧鸡块倒是被我爸和大姑学了下来。还有什么？更多的记忆被藏在脑海深处，也许哪一天又会被我翻出来。

我出生的时候他六十多岁，刚刚退休，身体一直很好。三十六年后，他就这样离开了我们。

每次路过家属院门口时，我都会打开车窗看向栏杆后面，有几位老人总是坐在那里晒太阳。我要是下车跟他们打招呼，他们就会收起小马扎，招呼我去家里坐。一年又一年，那里的老人越来越少。直到现在，那一片拐角朝南的空地上再也没有一个人了。

> 小时候的我表面很脆弱，虽然总是哭，可内心哪里懂悲欢离合。现在的我表面很冷漠，看上去越来越坚强，可内心敏感得要命。而为了逃避难过，我会准确地避开让我伤心的事，就假装什么都没有发生吧。

狗孩子

说它们是孩子，不如说它们是我的伴儿。

距离张红霞离开我已经两年了吧，我也忘了具体的时间。张红霞是乖乖的名字，张春华是毛毛的名字，我给它们都起了人名，随我姓。

整理它们照片的时候，我翻了翻朋友圈，看到埋葬乖乖的视频，止不住地哭。我之所以给它们起人名，是因为我希望它们下辈子能转生成人。我带它们爬莲花山的时候，就不停地这样祈愿。或许乖乖早就托生了吧，也不知道去了谁家。

2011年，乖乖被我从一个花店门口"偷"了回来，那时它刚满月，我去白银出差，看到它独自在一家花店门口咬花瓣。我一摸它，它就把小肚子翻出来给我看。没多想，我抱着它就往车上跑，一脚油门就把它抢回来了。我也不知道自己为什么会做这么疯狂的事。回来后我就把它交给我妈抚养，刚开始有段时间我因为工作忙很少照顾它，我妈说它很乖，就叫它"乖乖"。自此以后，在我爸妈嘴里，我就成了它的哥哥。

刚到我家时，它还不会下楼梯，每下一个台阶都要发出尖细的叫声。

"乖乖，乖乖，快来，给你个小猴子！"每次回家叫它，它就屁颠屁颠地跑来。它最喜欢我给它带的毛绒玩具了，咬住后就拼命甩头。它还喜欢松塔和烟盒，所以当它离开我时，我找了好几个松塔放在它的小棺材里……

  我想让它们做人，可做人一点都不好，也不知它们自己是不是想投胎成人。乖乖陪了我 11 年，在生命的最后两年，它患上了乳腺癌，我带它做了手术，可还是没能让它多陪我几年。还好，我还有毛毛。毛毛是 2017 年我从农村朋友家要来的，刚见它的时候像个小金毛。它妈把它和其他兄弟姐妹生在草垛里，我还记得它们一个个满地跑的样子，就像棉花团到处滚。就这样，我把它带回了家。因为由我抚养，所以我就成了它的爸爸，乖乖就成了它的姑姑。

  毛毛是个大犟种，喜欢拆家搞破坏，我为了约束它，买了个笼子，它甚至把笼子咬坏钻了出来。

  狗小的时候嘴巴是没有味道的，而六岁以上的狗，打个哈欠都能在很远处闻到它们的口气。不过，我睡觉时还是喜欢把它们两个揽在怀里。

  我经常带着它们在野外住帐篷。山里的夜晚经常很冷，毛毛喜欢睡在我脚下，乖乖总是在半夜用小爪子拍拍我的肩膀，叫醒我，我掀开被子让它依偎在我的怀里。

  让我刻意回忆它们的故事，好像我什么都回忆不起来，可它俩却真真切切地在我身边陪伴了我。除了伙伴关系，它俩总是充当着我的护卫，尤其是我在外面旅行的时候。

  我在服务区停车上厕所，几乎都不用锁车门，因为有它俩在车上。它们会冲着靠近车的人狂吠，以此宣示自己的主权。有一次，在我从四川去往云南的路上，汽车的空调制冷系统坏了，到了修车厂，跟工人师傅说完情况以后，我还没反应过来，师傅就转身上了车。就这样，修车师傅的手臂上留下了毛毛的印记，我连忙带着师傅去社区医院花 1500 元打了疫苗。

除此以外，毛毛还会放羊，虽然它只是一条普普通通的田园犬。有次我在帐篷里睡得迷迷糊糊的，就听见毛毛大叫，拉开帐篷一看，一群绵羊边吃草边向我们这里移动。毛毛率先冲了出去。它先是围着羊群跑了两圈，迅速把羊群聚拢在一起，然后朝着帐篷的反方向进行驱赶，我当时简直惊呆了！

毛毛和乖乖都长了一张人畜无害的脸，这使得见到它们的人都想伸手摸摸它们的头。这是我最担心的事情，因为它俩骨子里的高傲劲儿是不允许任何第一次见面的人亲近它俩的。尤其是见到小朋友，我都会先出言劝阻，然后把它俩拽到身后。

最近睡得都比较晚，所以早上很晚才能起来，要等到阳光穿透窗帘，光束照在我的眼睛上。每天清晨，我都会先呼唤毛毛和乖乖到我身边来，现在只剩毛毛了。毛毛走过来，趴在枕头旁边，叹口气，我就硬把它拖进我的被子里，用双臂搂着它。

乖乖和毛毛都生过孩子，而且都是和外边的野狗配上的。我说它俩的眼光真不咋地，在我看来都是不般配的，不过生出来的孩子倒是很可爱。乖乖生小狗的时候大概是 2013 年，生了六只，有白色的，有咖色的。毛毛生小狗的时候是 2021 年，生了五只，有白色的，有黄色的。

毛毛刚生小狗的时候，一开始不允许乖乖靠近自己的孩子，而乖乖应该是听到奶狗的声音，内心的母爱被唤醒了。它趁毛毛休息的时候钻进窝里，把小狗都揽进自己的怀里。毛毛可能真的是太累了，后来就把几个孩子彻底托付给了乖乖，以至于乖乖都下奶了。此后的一个多月，基本上都是乖乖在照顾小狗，乖乖也从姑奶奶的身份转换成了奶妈的身份。

几只小狗被送人的时候，作为亲妈的毛毛无动于衷，乖乖却在沙发和各个角落里呼唤、搜寻小狗们的下落。这时候距离乖乖离开我跟毛毛只有一年了。

乖乖走前的最后一个星期，总是很疲惫，打呼的声音也愈发地大了。它总是翻过身子躺着睡觉，之前被切除的肿瘤又开始慢慢地变大，睡觉时舌头也收不回去，仔细看已经有些发紫了。

那段时间，我在它的狗粮里放了很多维生素，希望能延缓疾病夺去它生命的速度。它好像又回到了小时候，不敢下楼梯，不愿意去离楼门很远的地方，或者坐在门口等着我和毛毛回来。带它们散步时，我开始放慢脚步，因为乖乖已经跟不上了。回过头，它后半个身子掉进排水沟里，前半身还扒在外边，睁着两只豆子大的眼睛望着我，大口大口地喘着粗气。

"乖乖怎么了？自己出不来了呀！"我把它抱进怀里，像对待一只奶狗一样让它靠在我身上。它已经不怎么吃饭了，我把准备好的牛奶端到它面前，它也只是舔两下就转过头去。

离开的那天晚上，乖乖的气息变得很短，它有些坐立不安，坐一会儿又在地上趴一会儿。它迈着蹒跚的脚步，慢慢地挪到我身边，用小爪子勾着我的裤腿儿。

"哥哥，我要走了。"

"你能不能不走？你才十一岁，别人家的狗狗要活到二十岁呢！你为什么这么早就要离开我和毛毛？"我哭着将它再次抱进怀里。

"你说下辈子让我和毛毛做人，我马上就要去做人了，你要为我感到高兴。"

毛毛什么都没说，就这样坐在地上，看着我抱着乖乖哭成了泪人。

"哥哥，我的肚子好疼，感觉自己快喘不上气了……"

"那我帮你揉揉吧。"我把手放在它的肚子上，轻轻地揉着。

我和毛毛就这样一直陪着乖乖到了早上。乖乖要坐在椅子下面，可能只有坐着它才能喘上气吧。我听到扑通一声，看过去时，只见它瘫软在地上。我抱起它，它已经绝了气息。

那时候小区管控，我没办法离开小区去处理乖乖的尸体，就腾出冰箱的一层抽屉，用床单包裹着它，把它放了进去。

到了周末，我在网上买的木箱到了。我跟守门的值班人员说我家的狗死了，要出去埋一下。那个值班大叔说了一句自以为很幽默的话："那你就把它干掉啊！"

我没反应过来，就问他"干掉"是什么意思。

"炖着吃了啊！"他说这话的时候我就像是个外星人，站在那里愣了三秒，淡淡地怼了句："它是乳腺癌死的，你要不要？我拿下来给你。"

他没再接我的话，我也没再因为这件事跟他交涉。直到几天后，风险解除，我开车到了一处偏僻的山沟，挖了个土坑把乖乖埋了。我没有做任何记号，也不想再去唤醒记忆。

生命是短暂的，短短几十年就恍如隔世。我很孤单，也很脆弱，期待有个伴侣能够嘘寒问暖，也不想面对月光留下一人的身影。想发个信息给朋友，话到嘴边能说的开场白就是"在干什么"。算了，买张电影票把自己倾注在别人的故事里，忘了自己是不是更好一点？还是算了，开车去山顶看看夜景吧！

沿着盘山路上了皋兰山顶，副驾依旧只有毛毛。看着灯火闪烁的兰州，天空被霓虹渲染，红色的光晕向宇宙抛洒。

"你冷不冷？"毛毛抬起头，似在问我。

"你是不是冷了？今年没给你买新衣服。"

"我不喜欢穿衣服，我想乖乖了。"

"我也想。它现在应该很幸福吧。"

"你明天给我买点羊肉吧，我想吃羊肉。"

"不是才买了鸡腿给你吗？不给你吃，回去给你喝点牛奶。"

毛毛坐在地上，看着前方，那样子看着不太想理我。它轻轻地嘟囔着，不知道在说什么。我蹲下身子摸着它的头，它看向我。

"爸爸，我是你的好朋友吗？"

"你是我的好朋友，最起码现在只有你陪着我说话。你冬天想跟我出门吗？过年的时候。"

"不想，我只想待在家里。每次出门只能跟你住帐篷，酒店也不让我进去，你还总把我锁在车里自己出去玩。"

"你是只狗，很多地方都不能去。我可以给你多买点好吃的。"

"那我也不想去。每次出门都只能被你牵着走，在家里时身上没有绳子，我就很自在。"

"好吧，那我再考虑考虑。走，我们往回走，该回家了。"

我想去见见以前的朋友，也想见见新朋友。可是毛毛更喜欢家里，因为它可以躺在窗台上，卧在躺椅上。毛毛不觉得自己被困住了，反倒离开家，外面的世界才是枷锁。

毛毛也没什么真心朋友，好像也没跟哪只狗狗建立起特别深厚的情谊，唯一关系比较近的乖乖，在一起的时候也不见它们愿意搭理对方。现在乖乖走了，它倒是怀念起来。

我不喜欢毛毛跟院子里其他的小狗玩，打个招呼、互相闻闻已经是我的忍耐极限了。它只能跟我关系亲近，或者多交几个人类朋友，我可以把我的朋友介绍给它认识。它的辨别能力简直太差了，有几只狗狗会真心把它当成好朋友呢？

"你以后不要总是跟不认识的小狗在一起，它们不会真心对你好的！"

"爸爸，你怎么这么讨厌。我不知道什么是真心，可是我见到其他小狗就很开心，它们也很高兴。我们喜欢互相追逐、奔跑、打闹，只要开心就好了。你想太多了，我不需要它们为我做什么！"

毛毛有点生气，本来坐在副驾的它，此刻趴下身子，耷拉个脑袋。

是啊，我们给彼此的情谊太过沉重，总想找到可以卸下防备的人，可自己又处处设防。本来很简单的关系，复杂的不过是自己。

下山的路弯弯曲曲，我一只手握着方向盘，另一只手摸摸毛毛的脑袋，说："好，我知道了。"

> 心里空荡的时候，总想去更空荡的户外，或许这样才能用照进眼里的事物填补自己的内心……

有人需要我们

"小张,周三我儿子要来,我做臊子面,你过来一起吃。"

"小张,明天你在家吗?我要做浆水面。"

"小张,这箱苹果给你吃,也不知道是谁给我寄的,我一个人也吃不完。"

"小张,你朋友要来吗?我做饭给你们吃。"

"小张,我熬了梨汤,给你端一碗。"

……

她做饭很好吃,是老兰州人的口味儿。糟肉做得有模有样,不仅味道好,品相也不错。

"我儿子在医院工作,家里就我一个人。他只有周三有时间过来看我,其余时间都很忙。你没事就到我这里吃饭。"

她是个爱干净的人,床铺收拾得板板正正。她有一只小狗,名叫"花子"。

2017年,我们成了邻居。那时,楼上有一家人总是大半夜叮叮当当地敲东西,影响了她的睡眠,她不得已找到我帮忙,我就上楼去找那家人理论。不出所料,没有人开门。她为这件事报过警,找过物业,一直都没有结果。主要原因是不能确定噪声是哪一家发出的,也没法去人家家里装监控。找不到实质证据,她就一直无奈地忍受着。我想解决这件事,可也无从下手。

"小张，花子死了……"她已经哽咽得说不出话了，"我……我下车去照相……把花子留在车里，回来时它就已经没有呼吸了……"

突然有一天，她在门口撞见我，把这个消息告诉了我。

阿姨已经七十来岁了，我能感觉到这条小狗已经成为她鼓起勇气面对孤单生活的为数不多的一根稻草。

后来，她有了新"花子"的陪伴，可是那段时间每次见到她，她的眼圈还是红红的。我也没有更好的办法能够安抚她，只能等待时间慢慢地让她淡忘这件事。

"阿姨，下周六我在东方红广场体育馆举办签售会，你如果有时间可以来参加。"

"我一定去。你再说一遍，是几点？在哪儿？"

那天早上她拿着我的书，走到我面前，让我签名。

从她身上，我看到了孤单；从我身上，也能看到孤单。可我们注定只能各自孤单，只有在偶尔开门的瞬间碰面，这时候才能给对方带来一点点烟火气下的温暖，使人暂时性地忘掉孤单的自己。我们孤单的方式竟然如此相似，她跟我都是独居，都只能把一大部分情感倾注在宠物身上，以此来跟孤独做斗争。不同的是她有儿子，而我有父母。

目前来看，我爸妈似乎比她更幸运一点，最起码两个人互相能做个伴儿。可从我爸妈经常给我打电话的语气中也能听得出来，他们多么期盼我经常回家。

每次回家，我妈都觉得我在家里待的时间短，我爸也总是打电话跟我说他包了包子，或者做了什么好吃的，以此来通知我：你该回家了。

近五年来，爸妈的头发以肉眼可见的速度变白了。以前只是花白，今年看上去似乎全白了。他们为了维持自己在别人眼里的年轻状态，总是会把白头发染黑。我劝他们顺其自然，既然白了，就让它白着，又有什么关系呢？可他们还是觉得不能让别人看见自己变老。

自从眼睛看不见以后，我妈经常躺在沙发上听短视频里的声音。视力问题导致她患上了抑郁症。她跟我小姨说不愿意让朋友们看到她现在的样子，自己年轻的时候有多么风光，现在就有多么悲观。

我没有办法解决她眼睛的问题，血糖问题我也控制不了。我能做的只是不停地唠叨，让她控制饮食、适度锻炼。可她听不进去，还嫌我烦。后来我也不说了，我知道说得太多只会惹来她的心烦。

2022年，我趁她的视力还没有衰退得那么严重，提出要带她去昆明看心理医生，借此带她出去散散心。我们去了贵州的千户苗寨，又去了趟滇池。一路上，她总是催促我早点带她回家，我实在拗不过她，出门不到两周，我们就匆匆回了兰州。

她现在放弃了晒太阳，放弃了运动，放弃了社交，放弃了梳妆打扮……她的日用品变得越来越简单，想穿的衣服也不多了。

她依然很难面对孤单，我和我爸已经成为她生命的全部。她现在很少给我打电话，原因是看不见屏幕上的字。她经常拨错号码到熟人那里去，就刚好借机聊上几句。

我感受到她的生命力正在减弱——走路变得蹒跚，出门需要人搀扶。现在她能跟我聊的话题停留在"你吃了没有？""吃的什么？""有没有出门？""今天见谁了？"在这几个问题问完之后，我们就会陷入沉默。跟她说我的工作，她也只是听着，不知道怎么接我的话。

与其尴尬地聊天，不如安静地陪陪她吧。我现在能陪伴她的最好办法，就是在她身边的沙发上睡一觉，这也是我能带给她的为数不多的安心了。

我爸换了套一楼带菜园的房子。从夏天开始,他就一直忙着折腾自己的种植事业。他先是把院子里原有的土用手推车一车一车全部运出去,又买了人家地里的熟土填回来。然后周末就带着我妈去鸽子市(农贸市场)买几棵树苗回来种上,有香椿、石榴、葡萄、玫瑰、竹子、凌霄花、樱桃、花椒……现在活下来的只有香椿、凌霄花和玫瑰了。

菜园周边是树苗,中间被搭上了架子。他种的番瓜长势还不错。菜园南面种着苤蓝和萝卜,北面种着辣椒和香菜,西红柿、茄子、菠菜被种在中间。在第一场雪来临前,这些无公害的蔬菜成为我的蔬菜供给。看着菜叶上被虫子啃食的一个个大洞,倒让我放心了不少。

我爸买了个木质亭子放在菜园旁边,我给他添置了一张木桌,为此他责怪我乱花钱,说自己本来要买个圆桌,我买的桌子太大了。可是到了夏天他朋友来家里喝酒,这张木桌都不够大。

目前看来,他身体还行。十年前因为腰椎间盘内突,他做过一次手术,其他都还好。他是个闲不住的人,也不能整日陪着我妈,所以他会时不时地打电话给我,让我回去陪我妈坐一会儿。

如果我跟我爸一整天都不在我妈身边,我妈就会感到焦虑。她会一直给我爸打电话,催促他尽早回家,或者给我打电话。

有时我妈的老姐妹会结伴来家里看她,但是也坐不了多久。还好,她现在还能独自完成开门的动作。

上次朋友来兰州,问我怎么不离开兰州去外地发展,如果去,他会尽自己所能帮助我。我只是简单地告诉了他我家里的情况,这是我最大的牵挂。其实并非他们离不开我,而是我住在离他们不远的地方，自己会安心些。

小姨来兰州的前两个星期，给我打了一通电话，问我妈的身体情况。我想了半天，说出来四个字："面如枯槁。"

了解我妈的人，大都知道她的问题来自己的内心。她性格倔强，而且随着年纪的增长，整个人变得越来越执拗。我能做的也只是有空尽量多回去看看，每周争取能见他们两三次。

父母在世的时候，我永远是个孩子。我不敢想他们如果有一天离世，我将会是怎样一种状态，但这一天迟早都会到来，我只期待命运对我仁慈一些。

邻居阿姨也告诉我，她的血糖不稳定，但很幸运，她控制得很好，没有发展成糖尿病综合征。

每个人的命运都掌握在自己手里，其他人是不能分担痛苦的。不仅要爱惜自己，更要珍惜每一个见面的时刻。

我在冬天开花

早上十点还窝在被子里刷手机的我,被可盈姐的语音来电打断了。不知为何,她每次总是习惯直接打微信语音,而不打电话。我倒是一个习惯于直接使用电话功能找人沟通的人,总觉得微信语音功能会因为信号问题出现听不到的情况,似乎有时候手机不会提示这种语音来电。

"你干什么呢?"这是她每次给我打电话时的标准用语。

已经十点了,我要是说这时我还躲在被窝里,是不是显得有点无所事事?

"我刚起来,刚收拾完,准备写点东西。"

"中午我们一起吃饭呗。"

"去哪吃啊?"

"在你们山上吃啊。"

我家小区在兰州北部的一座山上,跟兰州城区的海拔落差有200多米,每次我都会跟朋友们说我是住在山上的人。这样说还有一个原因,如果我直接说小区的名字,很多时候别人还要追问具体位置,因为我家小区的开发商是个全国连锁品牌,在兰州开发了不止一个小区。

"啊?你要过来吗?"

"我早上就过来了,在这边值班。"

"哦,知道了。那你等一下,我十一点多过来找你。你想吃什么？我请你吃。"

"咱俩谁请都一样，你说吧，你想吃啥？"

"嗯，那就吃铜锅涮吧，你办公室附近有一家味道还不错。"

"好，那你过来了跟我说。"

可盈姐是个公务员，认识她是在一次兰州本土农产品品牌的推介活动上，别人都专注于活动本身，只有我俩在下面聊得热火朝天，从牛肉面聊到了五泉山，我似乎成了兰州文旅的策划官。

快到的时候，我给她发了语音信息："我下车了。"我家距离她值班的地方只有两站公交车的路程。

"好的，我出来。"

她是个很会照顾别人的人，尤其是在情绪上，很细心。我买了个团购套餐，她怕我不够吃，又自己扫码点了两个菜。

"我采访一下你。我最近要写新书了，想以身边朋友的故事为素材，讲讲普通人的生活。"

"我也没有什么可说的，也没什么好的故事可以讲啊！"

"没事，你就讲讲自己的生活，谈谈自己的人生观、价值观，还有工作经历等，什么都行。我就是记录一下。"

"行吧，那吃完饭去我值班的办公室。今天就我一个人，办公室也安静。"

"成。"

我现在会把肯定对方的用字从"行、好、嗯"替换成"成"，因为我觉得"行、好、嗯"里包含的语气认同不够肯定，也有勉强答应的意思，而"成"似乎有高度赞同的一层意思。或者更需要加强语气的话，我会说："听你的！"就是不管你说得对不对，我就是信任你，我就是认可你，出了问题我也不怪你的意思。

"这间办公室真好！有落地玻璃，窗外还有大草坪。"

"我去给你倒杯水，你这个娃是个水罐子。"

她知道我喝水喝得多，每次见她朋友，她都会跟别人说我是水罐子，让别人给我准备水。

"我自己去，你坐着。"

回来后，我就正儿八经地端坐在那里，开始了我的访谈。感觉对面坐着个熟人，自己的工作成了过家家的样子，显得不那么专业。

"对于工作、孩子、家庭，你的经历给你带来了什么感悟？"

"我到了四十岁才活明白。"

"你确定你活明白了吗？"

"不，以后怎么样还不敢说，最起码现在心里轻松一些。也可以说，我活到四十岁才看明白生活的本质，才知道自己适合什么样的生活，想要什么样的生活。在这之前，就是一种懵懂的状态，稀里糊涂地活着而已。尤其是年轻的时候，怎么开心怎么来，但那时总觉得缺点什么东西，心里总是迷茫的，感觉到空虚。"

"所有人都有这种感受。你经历过自己不想回忆的事情吗？或者说有没有很多事很难向别人启齿？"

"嗯，有。我曾经不愿意把自己的事说给别人听，不过现在，我已经无所谓了，谁爱说说去，随便他们。"

"对呀，时间能给人带来最好的疗愈。更多的时候，我们是在自己给自己设置障碍，那些自己觉得很隐私的话题，别人大都不会在意，只是当成八卦聊一聊。"

"是这样，现在回过头一看，谁会关注这些？谁会在意你？最后苦恼的只有自己。而且这些事不拿出来说，放在心里时间越久，越是自己过不去的一道坎儿。如果你能把过去的自己当作一个话题来讲，就说明这些事已经影响不到你了。能站在一个旁观者的角度去审视过去的自己，就更不容易了。能总结一下，也能反思一下，更能认真、踏实地过好将来的每一天，这是最重要的。我现在的心态有很大的改变，就是有了这个改变后，觉得人生一下子轻松了。或者不能用轻松来形容，而是比以前更自在。"

"对，就是向内找到更多，更在意自己了。"

"是的，在意自己的喜好、自己的想法、怎么去提升自己、怎么才能让自己快乐。不管经历什么样的人和事，都要坦然面对，要看到事情的不同维度，不能光看差的一面，也不能光看好的一面。现在回忆起来，最难的阶段就是孩子小学到初中过渡的这段时间了。孩子七岁以后就是我自己带了，他带的不多，基本上很少在家，主要是我带。"

"你说的'他'是你丈夫吗？都没听你提起过。"

"应该说是前夫。"

"你当初为什么选择跟他成家，为什么又离婚了？"

"当初跟他结婚，就是因为老一辈人一直说要有传承。就是这么一个不着边际的理由，现在我觉得特别可笑。那时大家都结婚了，就觉得自己也该结了。"

"你多大岁数结的婚啊？"

"二十六岁结婚，二十七岁生孩子。在二十六岁之前，我还谈过一个男朋友，上大学的时候谈的，他也挺不靠谱的，后来发生了一些事就分手了。我跟我前夫以前就认识，也是朋友，分手后的空窗期，他就进入我的生活了，感觉这个人还不错。其实我就是看到了一些表面现象，也没有去深入探究，稀里糊涂地就把自己给嫁了。就算有了孩子，最后还是选择了分手，原因很复杂，过程很煎熬。我的思想还是比较传统的，从小接受的家庭教育和身边环境对我影响很大，就是只要迈出结婚这一步，还是希望通过努力能把小家庭打造好，不管遇见什么样的磕磕绊绊都能携手跨过去。组建了家庭就要有强烈的责任感，这也导致我干了很多傻事。"

"你指的傻事是什么事？"

"就是婚姻这件事。我最后选择的这个人与我完全不搭界。我们俩就是两条平行线，思想上不会有交集，没有共同的兴趣爱好，没有共同的语言。他就是有点小文艺的那种人，自己写诗、写文章，文笔还不错。我们骨子里是两种人，他抱着游戏人生的态度，而我不是。"

"你说的游戏人生是不是指责任感比较弱？"

"对。我跟他结婚的时候他已经过了三十岁，他自己曾经说过，在三十岁之前，他还觉得自己是个孩子。遇到我之后，他就觉得特别适合跟我一起组建家庭。这个'适合'要加引号。人都很现实，他跟我组建家庭，意味着他能少奋斗很多年。他看到的是我的家庭背景，看到的是我背后的资源，这些能给他带来很多东西，而他自己一无所有。要结婚的时候，以他的家庭背景，我爸妈是坚决不同意的，但是他们从小培养我和教育我的方式都是比较民主的，最终还是答应了。他们尊重我的想法，并不是支持我，只不过是妥协了。你知道我有多执着吗？婚前体检的时候，在社区医院检查出来他有丙型肝炎，这可能是一个乌龙事件，因为后来我们去大医院又检查了一次，竟然莫名其妙地没有了。现在回想起来，可能就是冥冥之中一直有一股力量在阻止我跟他结合。反正最后还是结婚了，可能是我上辈子欠他的，这辈子要还他。"

"你觉得自己在婚姻中有什么损失吗？是十年的青春还是财富？"

"这十年的婚姻，代价太沉重了！因为自己没有谨慎地对待结婚这件事，最终带来了惨痛的后果。我是有正式工作的，但是他没有，他一直在社会上摸爬滚打，一直在折腾。他最开始是电视台的编导，也做拍摄。当时看他是个挺有才华的人，不光我这么看，外人也这么认为。他很有想法，获过奖，能说会道，就是这么一个人。但是后来我发现，他那不是真正的才华，只是一些皮毛而已，就是他包装自己的一种手段，大部分都是吹嘘的成分。后来，他把电视台的工作辞掉了，跟朋友合伙开了个牛肉面馆，也开过酒吧。刚开始，对他的人品我还是认可的。我父亲是2013年去世的，肝癌，已经过世十一年了。"

"你父亲过世前，你们离婚了吗？"

"那时候婚姻还在存续期间，其实刚结婚的时候我就已经后悔了。婚姻就是一荣俱荣，一损俱损。这就是我当时维持婚姻的理由。后来有了孩子，我又觉得应该为孩子负责。直到我父亲去世后，他就开始一步一步地在家庭关系上使用套路，就像温水煮青蛙一样。当时他生意上出现了问题，人员工资发不出来，房租交不起，紧接着是取暖费、物业费等各种费用，每天焦头烂额。他的状态特别不好，晚上睡不着觉，白头发都长出来了。后来，他就向我张口，说他实在没辙了，能想的办法都想了，只能求助于我。因为我有公务员身份，所以他就利用我的身份去帮他贷款。从2014年至2015年，大大小小各类贷款贷出来19笔，每个月连本带息就要还五六万元。因为我是拿死工资的人，没有还款能力，所以主要还是由他来还。我认为两个人是因为家庭绑定在一起的,是一个整体,我帮他把款贷出来是要解他的燃眉之急,渡过眼前这个难关,等资金周转过来,他还是要把这些钱还给银行的。刚开始的两年他还在还,结果到了2017年,他连五分之一都没有还进去。当时加上房子抵押的90万元,总计贷款将近300万元。那一年因为孩子上学,我们要搬家,这段时间他就突然不着家了,说是因为生意太差,要关门了,他就时不时地搬去宿舍住。我觉得很奇怪,生意不好为什么还租宿舍?因为当时我们的感情已经出现了问题,我就没有过多地关注这件事。那段时间他在干什么,在计划什么,我都不知道。"

看着坐在对面的可盈姐,我有些许心疼她。或许大多数家庭,都要直面金钱的问题。如果走的是上坡路,很多人性的问题就会被掩盖,只有在逆风时,你才能知道自己选择的这个人是不是真的值得依靠。

"你知道他在计划什么吗?"

"计划什么?"

"他的计划就是我。突然有一天,他说他还不了贷款了,让我先还一阵子。你知道吗?最多的时候一个月要还六万元。六万元一个月呀!"

"这么多钱,你怎么还呀?"

"给孩子买的保险,给我爸妈买的保险,全部都变现了,能想的办法都想了,真的好惨呀……"这时候,她已经有点哽咽了。

"男人真的没一个好东西!"虽然我是个男的,但对于这句女性骂男人的口头禅,我觉得这时候说出来再合适不过了。当然,这句话很片面,不能把所有男同胞都囊括进去,但它还有另外一层意思,是我想告诉可盈姐的:"很多女性都会为男性的错误买单,你不必为自己在婚姻上的决策苛责自己。"

她没有接我的话,而是继续自己的话题。

"我一个人把这些事情都扛下来了,东拼西凑,这个过程很艰辛,我都不知道自己是怎么熬过来的。那几年,我晚上睡不着觉,头发全都白了。"

怪不得我有几次见她,发现她的白发很多,还提醒过她该染头发了。我以为她是天生的白发,原来根源在这里。

"白头发长出来就回不去了。晚上睡不着觉,我就跳帕梅拉,跳累了才能睡着。"

"什么是帕梅拉?"

"就是一种减脂操。那时候,我整个人瘦到脱相,胃病也很严重。我去医院检查,医生说跟情绪有关系,月经也不正常了,所有的身体指标都不正常了。每天晚上我都想跳楼。一到晚上,人的情绪就会被放大,唯一能支撑我的就是孩子,就是……就是我的女儿……"

她说着又哽咽起来,连我也忍不住红了眼眶。

"那时候孩子还小,上小学二年级,也是他搬走的时候。反正我就这么挺过来了。"

"最后这些钱是怎么还完的?"

"当时从银行贷的款,东拼西凑地就还了。"

"其他的呢?你现在还背着债务吗?"

"没有,前两年就还完了。"

"这些贷款里,他还了多少?"

"差不多也就20万。一开始,我想把我妈那套房子保住,最后还是没保住，如果不卖房子，那些贷款实在没办法还。还好我是在房价高位时卖掉的，卖掉后一下子就全部还清了。"

"你最终决定跟他办离婚手续，是什么原因？"

"这件事的节点是 2017 年 4 月。他提出让我一个人还贷款的时候，我就觉得不对劲了。后来他跟我妈吵了一架，就从家里搬出去了。也是因为钱的事，当时他拿我妈的房子做了抵押贷款，说是三个月就还，结果一两年都没有动静，你想老人心里能舒服吗？当时我们住的房子就是我妈的，他走以后，我妈就把门锁换了。后来他趁我们不在的时候回来，把门撬开了。那段时间我妈住院，我在医院陪护，孩子也在医院待着，家里没人。当时，我们还没有办理离婚手续，但是我已经向法院起诉了。他不愿意被法院判离，希望我们协议离婚，我先把贷款还上，一年以后我们再复婚。太可笑了！"

"他就是觉得你笨。这不是明摆着要把债务甩给你嘛。"

"我刚开始同意了，不过要明确债务，写清楚我就跟他协议离婚，协议我也拟好了。但是他说让我先把债扛上，反正他人也跑不了，就这个意思。"

"你婆家也不管吗？就完全不管不顾？"

"当时我打电话给婆婆，也没指望她能帮什么忙，就是想把这件事告诉她，让她知道他儿子都干了些什么。可是你绝对想不到她对我说了什么。她说：'那你让他去跳楼呗，那也没法，让他跳楼去！'我听见这样的答复，知道他们已经商量好了，用这样的话来敷衍我。我从 2017 年就开始打官司了，官司整整打了三年。离婚官司很难打，很多都要打好几场。"

"你过得好累啊！"

"这些辛酸历史我从来都没有提起过。2017年9月，我第一次起诉，开庭的证据厚厚一摞，19笔贷款呀。我自认为证据都准备得很充分了，律师也是这样说的。当时因为没有钱，我妈就去找了我爸的律师朋友帮忙打官司。"

"打官司是非常耗费精力、财力和时间的事情。"

"当时他名下有一套房产，属于婚前财产，一审的时候我就申请了财产保全，想着保全以后就能卖掉房子，把他欠的债务还上。一审时，他不同意离法院就不能判离，他就利用这个空当儿把房子给处置了，还跟别人弄了一个购房合同。当时兰州雁滩的房子有150平方米，只卖了八十几万元，明显低于市场价。我知道那个合同是假的，可是我又拿不出证据。为了这套房子，我再次起诉他，还做了房子的价值评估，评估费用就要8000多元，最后还是败诉了。现在法院判决书上写着他要向我偿还140多万元，他还在老赖的名单上。我打了三年官司，花了十几万元。最初我还是抱有很大希望，到最后我一到法院附近就烦躁得不得了。后面的官司我连律师都没请，都是自己打的。还是怪自己太幼稚了，之前总觉得打官司很简单，其实对普通人来说真的很难，尤其是原告，想打赢一场官司是非常难的。因为是原告，所有举证的责任都在你这里，比如申请财产保全，还要冻结他的车呀、房呀。而且只要人家房子里住着人，一般都不会直接把人赶出去，也不能执行。他就是钻了这个空子，140多万元，他宁愿当老赖，也不打算还债。"

"既然这样，你现在和他还有一点点亲情吗？"

"没有，就是仇人，或许也算不上。如果前几年，这个人出现在我面前，我还挺生气的，都想上去扇他一巴掌。但是现在，我不想让自己生活在仇恨中，不想让自己处在压抑的情绪当中，因为我曾深受其苦。仅仅三四年的时间，我觉得自己已经不是以前的我了，我的同事都说我的脸是黑的。"

"对，我看你今天的脸色就不好。"

"我以前不是这样的。自从出了这件事以后，我每晚都睡不着觉，都是睁着眼睛到天亮，哪怕白天再累，晚上也闭不上眼睛。我要面对孩子，面对我妈，在照顾孩子的同时还得顾及我妈的情绪。我妈的性格跟我不一样，什么情绪都表现在脸上。之前他不回家的时候，我都不敢把我俩的事情告诉我妈，她对贷款的事情也一概不知。我就害怕她知道这件事以后情绪崩溃，后来果然因为这件事住进了医院。"

"这些事情是不是对孩子的影响很大？爸妈都闹成这样了，孩子不受影响是很难的。"

"我姑娘性格比较刚烈，情绪上来了，脾气也很火爆。刚开始我就瞒着她，不跟她讲太多，但越是这样遮遮掩掩，越容易让她胡思乱想，后来我就断断续续地跟她讲一些。孩子比我想象的要强大很多，她会自己慢慢地去体会，也会给我一些反馈。"

"她是怎么跟你说的？"

"她很清楚真正的爱应该是什么样的，实际行动说明一切，孩子又不傻。在孩子刚出生、我坐月子的时候，我妈就病倒了。就是胆管狭窄导致的堵塞，要做一个叫 ERCP 的手术。这是一个全麻手术，要把导管从鼻子下进去疏通胆管，而且人很遭罪，半年就要做一次。"

"这个病是不是跟不喜欢吃醋有关系啊？我们这边的饮用水硬度高。"

"不是，可能跟她之前做的胆囊切除手术有关，后来又引发了胰腺炎。胰腺炎很危险，会要命的，我妈都犯了四五次了。我们 2008

年结婚，2009年生孩子。刚开始我还不想要孩子，觉得自己对他没有信心，可是他想要孩子，我爸妈也一直催我。现在想起来，父母的话不能不听，也不能全听。我从小到大都是顺顺当当的，可能就是之前过得太顺了，对钱也没有概念，或者说父母给我提供的生活太好了，我从来没有操心过这些事情。"

"这样说起来，我趋利避害的能力要比你强一点，最起码我还没有步入婚姻。没办法啊，这一遭你已经走了。"

"嗯，所以我这几年过得比较痛苦。我刚生完孩子那年，我妈就住院了，她身体不好，后来几年我就一直在单位、医院、家三点奔波。独生子女的痛苦，我是深有体会的，我爸妈只要一住院，我就得搬到医院去住了。其中有一年孩子是由婆婆带的，那一年我爸妈病得最厉害，虽然只有一年多的时间，但我感觉孩子的性格都出现了问题，变得越来越胆小，唯唯诺诺的，怕事。婆婆告诉孩子：'你姓王，是王家的人，遇到事了要向着王家。'这是我最反感的，但凡有时间，我绝对不会让他们带孩子。所以后来我都是自己带孩子，要不就是放在我妈家。"

"这个世界不就是这样嘛，有时候对你最恶的人，反倒是你真心实意、踏踏实实对待的人。"

"这场婚姻狠狠地给我上了一课。我明白了一个道理，就是一定要找跟自己匹配的另一半，对方的家庭环境和成长背景很重要。包括他的三观、看问题的角度、情绪是否稳定、对人生的规划等。"

"你觉得你前夫是不是典型的'凤凰男'？"

"算是吧。他总是希望走捷径，这不是在我身上就表现得很明显吗？"

"虽然他从你这里得到了金钱,但是做生意失败了,自己也没得到什么。"

"是他自己没有抓住机会,这些钱也不知道被他倒腾到哪里去了。这么一大笔钱,我认为他也没命花。我这样说是因为这笔钱首先就不是他自己的,不应该他得。后来我查过他的银行交易记录,他把钱都放到小额贷款公司了,走捷径嘛,这就是他赚钱的方式。但他放的又不是正规公司,后来市场上不是集中倒闭了一批嘛。估计他的钱也没有回来,但我还是希望他好。"

"你是不是担心如果他过得不好,将来会来找你女儿?是不是将来的养老还得靠孩子?"

"嗯,我现在就是这么想的,所以还是盼着他好。他能遇到我,也许就是他这辈子最大的幸运了。我现在始终相信自己会好起来,离不好的事远一点。"

"是这样,人在不同的阶段,经历的人和事都是不同的。"

"今天聊这些,让我又回想起以前的事情。遇到这样一个不负责任的男人,组建这样一个家庭,都是老天来考验我的。对我来说,这些事情虽然是崩溃性的打击,但是现在都过去了。那时的我就是彻彻底底地恨他。你知道吗?当时我都想去学拳击了,因为每次开庭我们都要见面,我想见到他先把他打一顿再说,总之就是各种奇奇怪怪的想法。后来我跟朋友还策划过一次,因为我查到了他住的地方,他租了个房子。我想趁他不在的时候把门撬开,把值钱的东西拿出来。因为还在婚姻存续期间,派出所也不会按照盗窃罪来处理,后来想想还是算了。我还想过找几个靠谱的人把他逮住,然后把手机抢过来,因为所有的东西都在他手机里,密码我也能猜个八九不离十。真的,我已经接近崩溃了。但是女儿还小，为了她的身心健康，我还得撑着，必须死撑着。"

"你讲的这段故事都可以拍电影了。"

"现在让我回忆起这些事，也很痛苦。不过话说回来，在这几年里，我也遇到了很多帮助我的人，我一直特别感恩。所以说，老天爷是不会一下子把你拍死的，还是会给你希望的。那时候我要接送孩子上下学，没有车，我闺蜜刚好就在我家隔壁单元买了房子，差不多有两年时间，我都是开闺蜜的车接送孩子上下学的。"

"你说的是依依吗？"

"不是，是我高中的一个同学。后来闺蜜搬走了，没办法，为了孩子上学，我就去学校附近租房子住，那时候孩子也能自己上学了。在我情绪最接近崩溃的时候，我身边的朋友又给了我很多力量，他们带我去见跟法律相关的专业人士，托关系找律师让我去咨询，后来就是帮我周转资金，总之能想到的都帮我做了。我特别感谢身边一直在帮我的人。"

"最后判决他要还给你的140万元，是不是只是一半的钱？"

"嗯，是的，因为是在婚姻存续期间，我也拿不出把钱全都给他的证据，所以只能要回来一半。后来有律师跟我说，如果再上诉，可能会要来更多，但是我最终决定放弃了，因为就算是打赢了官司，他也还不了，这件事就到此为止吧。我爸是2013年去世的，当时面临孩子要上学的事情。我们住的地方学校不多，也没有特别好的学校，就商量着在现在住的地方买一套房子，首付低，只要20万元就可以了。当时就用我妈的房子抵押贷款，把20万元首付交了，这个钱跟他一点关系都没有。那个房子很大，210平方米，五室两厅三卫，一个大平层,特别好,就想让孩子过来这边上学。后来出了这件事,这个房子我就不要了,但是他要还房贷。谁知他断供了一年,银行起诉到法院,后来让地产商把房子收回去了,20万元的首付只退回来11万元。这几年,冥冥之中让我看清了很多事,所以接下来的人生我要认认真真地去安排,不能轻易做决定,不能游戏人生。决定步入婚姻并没有花费多长时间,也就半年,经营婚姻却让我用十几年时间补损。"

"婚姻这件事确实不能太草率,一个节点的误判导致整个人生都发生了改变。"

"太草率了!太草率了!"

两句"太草率了",能感觉到她对自己曾经的决定是多么地懊悔。

"你在结婚之前的那个男朋友是不是更好?如果是他,会不会比今天好一些?还是觉得也会分开?"

"我思考最多的就是我这几年走过的路,也不是说完全都是巧合。我认为这些事情肯定都会发生,不是发生在这个人身上,也会发生在其他人身上,这些都是我要经历的。毕竟之前我的人生过得太顺了。我从小就被当作公主一样对待,也不是说完全地宠爱、溺爱,家人对我很民主。我爸是一个学者型的人,知识储备很丰富,他非常喜欢历史。以他的脾气和性格,我认为他适合在学校里工作,并不适合待在体制内。他很善良,为人正直,容易得罪人。我记得很清楚,他在检察院工作的时候,我还在上小学。他每天接送我上下学。那时候小西湖有个汽车站,那里的治安不太好,我上学要路过那里。当时遇到两个小伙子打架,我爸一脸严肃地走过去问:'你们在干什么?'然后制止这件事。后来怎么样我也不记得了,就是觉得他很正直、勇敢，也不害怕这种事会给他带来人身威胁。对了，我爸是'老三届'的，在1977年恢复高考后第一批考上了大学。他出生于1950年，要是现在还活着，也有七十多岁了。我爸是从北京迁来的，他在北京上的初中……"

在此之后，我们又畅聊了许久，大约有四五个小时，话题从电子产品一路延展至社会热点，再到战争与科技。初识她时，与今日给我的感受全然不同。此刻在我面前的她，仿佛一位年长的大哥，对国家、对家庭的见解和视角，全然是男性化的，我丝毫感受不到她的瘦小与娇柔。我们探讨文明的兴衰，从扎克伯格谈到马斯克，从原子弹论及空间站，从藩镇割据聊至八旗子弟，从垄断资本聊到社会制度，从阶级延伸至市场竞争……

大多数时候，都是我在聆听她的讲述。我怎么也未曾料到，拥有如此高深思想的女子，竟会有如此狗血的家庭境遇，着实令人慨叹。自古有诗云："梅花香自苦寒来。"然而梅花本就是梅花，自其发芽伊始，便注定要于冬日绽放。每一个自立自强的人又何尝不是如此？生活总是施与我们诸多苦难，雨雪风霜又有何畏惧？关键在于我们依旧存于世间，关键在于树干越粗壮，开花时便越具美感。树皮上留存的沟壑，夹杂着飘落的雪花，点缀着红梅，散发着缕缕清香。绽放的花朵一如往昔般娇艳，只是当寒风再度袭来时，不再随风摇曳，而是坚定地挺立在那里。

我寻思着，这辈子怕是很难再有既能入她眼，又能走进她生活的男性了。总归是你站得越高，便越觉得孤独，走过的路越多，便越甘愿独自前行。

突然某一天的夜晚下班，会惊觉收不到任何一条消息，哪怕是工作上的，手机安静得宛如一台高级游戏机。听听音乐，发觉关于爱情的歌词已不再契合自己的年岁，只能切换至轻音乐。执起毛笔练字，或是翻开一本散文，才更契合当下的心境。早上喝咖啡，晚上饮茶，这便是你的生活。不知从何时起，甜甜的奶茶和可口的外卖已不再符合如今的口味。数数睡前要服用的药片，先去冲个热水澡吧。期待着下个周末能够约上一两位友人去吃顿饭，逛逛街，或许去商场都已变得兴味索然，只能寻觅一家从未涉足的咖啡馆，或者某个稍远些的公园，闲聊一下午家常……

这样的生活是孤寂的。除了年事已高、尚在人世的父母偶尔会打来两通电话，关切地询问你是否吃过饭，是否穿得暖，再不会有人惦记你中午吃了什么，有没有按时服药，近期是否赚到钱。

你畏惧这样的生活吗？或者更惧怕一段不幸的婚姻？总之，你必须做出抉择，可无论怎样，你终将度过这些时日。

你要做的，无非是到了季节执意开花，不必在意是雨雪还是风霜。既然本就如此，雨雪风霜就会将你最美的姿态映衬而出。

平凡一点

很早以前,在一次农产品的推介会上,我认识了闫大姐。

在儿子眼里,她是善良的妈妈;在老公眼里,她是温柔体贴的妻子;在大众眼里,她是认真负责的政府官员;在我眼里,她是热心帮助过我的大姐;而在她自己眼里,她不过是个为生活奔波的普通女人。

前段时间,她拜托我给她年近百岁的外祖母写一篇颂文。因此,这段时间,她只要有机会就会跟我聊起这位老人。在她口中,满是老人对家庭的爱和付出。

闫大姐是A市某单位的领导。上次我开车路过A市,特地约她出来见面。我选了一家酒馆,点了两样菜。落座后,她说我比上次见面时胖了一些。我告诉她我买了跳绳,每天在楼顶锻炼,最近天气冷了,就停了下来。

我出生的那一年,刚好是闫大姐随家人从山东迁居A市的那一年。那时她刚上高中,在A市读的大学,后来成为一名公务员,在基层一干就是三十年。

"你刚毕业的时候有没有感到迷茫?"

"当然有啊!我那时候也不知道怎么办,不知道怎么找工作,但爸妈没有给我压力,一直在默默地支持我。那时候没工作,我爸就让我先去打工。我找了份广告策划的工作,先去学习了一段时间,搞搞接待呀、会议安排呀,一个月的工资是150元。我很珍惜这份工作,每天风雨无阻,骑着自行车上班。"

2001年居委会改社区后,闫大姐去了社区工作,因为没有经验,当时很多工作都是摸着石头过河,还要和居民打交道。除了管理街巷的卫生问题,还得管理摆摊设点的问题,很多事情都是琐碎的。她闲下来就去居民家里拉家常,特别是有特殊问题、需要帮扶的家庭,她会经常走访。大多数工作要自己想办法解决,突发状况也特别多,尤其是调解纠纷这类事情。谁家打架了、谁家两口子闹矛盾了,她都得上。

"那时候我还很年轻,刚从学校毕业,就是个单纯的小姑娘,什么都不懂。我尽量去了解这些问题,想办法调解。大都是硬着头皮干的,当时最难干的就是收卫生费。因为要雇清扫员打扫社区街巷的卫生,得给人家发工资,所以就得挨家挨户收取卫生费,就是那种平房居民小院和没有物业的矮层居民楼。"

当时每家一个月两元卫生费。每个月一到收费的时候,她一干就干到晚上十一点多。因为白天居民有上班的、有做小买卖的,家中无人,她只能在晚上趁着人家下班、收摊时去收。也有连着一星期都要收费的时候,有一次忘记吃饭,她低血糖直接晕倒了。

"赶上卫生检查,清扫员一个人打扫不过来,我就号召居民,让那些叔叔阿姨、哥哥姐姐一起行动起来,共同打扫卫生。我工作很努力,从来没有跟领导叫过苦。那时候年轻,脑子里想的就是比起革命先辈,自己在工作中受的苦其实都不值一提,也不是什么大不了的事。"

间歇,服务员把温好的黄酒拿了上来。我让她喝点,她没有拒绝,我就给她斟了一杯。

"你们这一代人都是独生子女,要找时间多跟父母沟通,站在对方的角度去理解对方。我那时的主要工作就是跟各种比我年纪大的人沟通、交流,其实工作方式也受家庭教育的影响,从小爸爸妈妈就教我们兄妹几个要做善良的人,莫说他人是非。"她端起酒杯,润了润唇,继续说道,"虽然我现在已经五十多岁了,但我依然很享受有父母在的家。父母很包容我,也给了我很多鼓励,所以我经常回去陪爸妈。"

"你见过他们争吵吗?"

"见过啊!他们就像舌头和牙齿的关系,一不小心,牙齿总会咬一下舌头,不过转瞬也就好了。我能把工作干好,其实就是多换位思考。我也干过拆迁工作,我拆的第一间房子是个小卖部。大概是2003年的时候,有个居民把自己家的一楼延伸到街道上,其实就是占道经营,当然要拆除了。当时,我被那个人骂惨了,还有媒体采访,还好没有引起更大的冲突,好在最后顺利解决了。当时互联网不发达,放在现在也是个社会热点,估计要闹得满城风雨。"

我想把话题引到她的家庭生活上,可是聊起工作她就停不下来。

"有一次要创办全省文明街道,有个消防通道被拆下来的纱窗堆满了,我就连夜找收垃圾的爷爷给清理了。那时候年轻,总想着为荣誉而战,也没人跟我说要去干,我就是想把自己能干的事弄利索。这样别人来检查的时候看着干净,同时也维护了单位的形象。有件事给我留下的印象特别深刻,一个四十多岁的男人来闹事,大家都在围观,具体因为什么我也记不住了。旁边有个小伙子就劝了他两句,没想到他直接扑上去,把那个小伙子死死地压在身下,连打带骂。当时我也在现场,一下子就母爱泛滥,觉得要保护这个小伙子。我冲上去，一阵拉拉扯扯，终于把那个男人拽开了。最后我也报警了，才把这件事顺利解决。"

她说自己每天面对的大都是这些琐碎的工作，其实挺让人心烦的，总觉得这样的工作没有个头儿。虽然她那时只有二十几岁，但周围的居民都称呼她为"闫妈妈"。对待工作，她是认真负责的，居民生活是否幸福、安全，都得挂在心尖上。无论在家还是在单位，她只要听到消防车的鸣笛声就会紧张，赶忙给消防队打电话确认一下，生怕辖区内出事。这已经形成了工作习惯。

在这期间，我们还聊了聊她的家庭生活，因为她不想把这些事放在公众面前，所以我就没有写出来。

"到底是爱自己重要，还是爱别人重要？"我问她。

"当然，首先要学会爱自己。'爱'是个广义词，不能说我爱了爸爸妈妈，就不爱儿子了，爱了老公就不爱朋友了。只有自己变得强大了，有实力了，才能给周围的人带来更多的爱。但也不能只爱自己，以自我为中心怎么谈爱？这不叫爱，这是在自己的小宇宙里迸发。你看吸铁石放进沙子里，就会有碎铁被吸上来，自己就要做个吸铁石，吸引那些同样喜欢你、爱你的人。"

"你觉得自己的事业难吗？"

"不觉得难，就是有点辛苦。当年城市改造，要搞拆迁，这中间有很多琐碎的事情，比如就算是拆迁款和补偿意见都达成一致了，还是有拆迁户要把自己房子里的钢筋卖掉，所以拆迁队进场时就受到了阻拦。拆迁队和居民对峙，我就得出面想办法协调。真是太难了，每天都在调解矛盾、解决问题。不过困难只是暂时的，最后完成这项工作时，自己还是有很大的成就感的，也算是自己在事业上完成了一项大任务。再干七八年，我也就退休了。我想人的一生中还是要多做有意义的事情，要对得起自己的良心。"

第一次见闫大姐的时候，在她身上看不出来官味儿。这种感觉我跟她提起过，她走在街上就是个普普通通的邻家阿姨。

从酒馆出来，她陪我走了很长一段路，直到我执意让她回家。我去路口开车回了酒店。

"到了一定要告诉我，路上开车要小心！"

在成长的道路上，我们大多数人都不会那么顺利，每份工作、每个家庭，都是在泥泞中成长起来的。

"我希望年轻人能在成长的过程中找到动力，希望我的故事能将他们带出迷茫。"闫大姐诚恳地说。

吾人难相逢，斯境不易得[*]

白居易第一次见到元稹，是在长安朱雀大街的酒肆门口。此时，白居易刚刚游完曲江池、赏完杏花。他对骑马路过身边、器宇轩昂的不凡少年颇为好奇，从好友口中得知他叫元稹，是太子少保韦夏卿的女婿，十五岁就已考取明经。

"蓝桥春雪君归日，秦岭秋风我去时。"这是多年后在被贬江州任司马的路上，白居易看到元稹奉召回京路过蓝桥驿时所题的诗后发出的感慨。两人的仕途出奇一致，他们早已深深地把对方的命运走向跟自己绑定在一起。此时二人都被贬谪，一个去了通州，一个正在去往江州的路上。

安史之乱后，唐朝朋党之争严重，藩镇割据，宦官专权。一心想改变国家命运的两个年轻人正准备走入仕途，他们的相遇，是在坎坷道路上的互相扶持和心灵救赎。

元稹是北魏拓跋部后裔，家世显赫。他年幼时居于长安，自小读书识字。七岁那年，在朝任官的叔父和父亲相继病逝，两个兄长也受到官场牵连，元家随即没落。十岁那年，元稹跟随母亲和哥哥一起投奔陕西凤翔的舅父。因寄人篱下，加之生活节俭，自小他便下定决心，要考取功名。

---

[*] 本节内容参考文茜著《元白》（天津：百花文艺出版社，2022.4）。

明经与进士均为唐朝科举考试的基本科目。明经科注重考查对儒家经典的诵读和理解，进士科注重考查文学创作和政论分析；明经科选拔的是教育和学术研究之才，进士科选拔的是治国之才。在当时，进士的含金量远远高于明经。有句俗话说："三十老明经，五十少进士。"意思是说：考取明经，三十岁已经嫌老，而五十岁若能考上进士，也不算迟。

唐朝有"榜下抱婿"之风。为光耀门庭，贵族阶级会在新科里选取乘龙快婿。虽说明经不如进士的含金量高，但韦夏卿看中元稹当女婿，主要还是因为元稹的才华。

贞元十八年，二十三岁的元稹迎娶韦丛。虽然他已考取明经，但是等待被提拔又是一个漫长的过程，所以他还要参加吏部提拔贡士的考试，如果通过考试就可以尽快得到一官半职。就这样，元稹又带着母亲回到了长安的老宅子里开始备考。

此时，白居易也在为此次选拔考试备考。

白居易出生在河南新郑，他的祖父和外祖父都是诗人，均有官职。在他出生时，父亲白季庚已经四十四岁了。此时，安史之乱刚刚结束，政局残破，全国人口从5288万人一下削减到1692万人，部分地区仍处于藩镇割据的状态。唐德宗建中元年，白季庚被授徐州彭城县令。几年后，李希烈在开封自立为帝。而在这之前，为躲避战乱，十一岁的白居易就跟随父亲离开新郑，去了宿州的符离。

白居易五岁学诗，九岁懂韵，现存的白居易最早的作品为《江南送北客因凭寄徐州兄弟书》，这首诗就是他在十五岁时写下的。因为中原动乱，白居易又随父亲到了浙江，所以在二十岁之前，白居易常去的地方就是浙皖赣地区。到了二十二岁那年，白居易的父亲白季庚离世。

父亲死后，家计艰窘，白居易守丧三年。一大家人就靠着大哥白幼文的俸禄为生，所以年少时的白居易一直是流离转徙、居无定所的。

白居易的大哥白幼文任职饶州浮梁县主簿。饶州浮梁县是现今江西省景德镇市下辖的一个县。贞元十五年，白居易参加了宣城的乡试，第二年考取进士。

唐代的进士非常难考，上千名学子报考，上榜的不超过三十人。考上进士被称为"登龙门"，因此选拔考试之后会举办盛大的庆祝活动。其中有一项活动为慈恩塔题名，同期还有十六名进士同去，所以白居易就在慈恩塔下留下了一句诗："慈恩塔下题名处，十七人中最少年。"意思是考中进士的十七个人里，唯有他白居易是最年轻的。

贞元十六年，白居易准备吏部的选拔考试。有一天黄昏，元稹无心学习，便想出去随便转转。他打发了侍童，骑着马，一个人出门了。刚出门，他就听到有人在身后呼唤自己，回头看到骑在马背上的白居易。此时两人都在备考期间。

令白居易没有想到的是，元稹一眼就认出了他。两个长安城里的"流量明星"就这样相遇了，各自下马施礼。两人相约去平康坊喝酒。平康坊是长安才子们的聚集地。在路上，白居易扬起头，对着飞过的麻雀吟出《诗经·小雅》里的"嘤其鸣矣，求其友声"，元稹以《楚辞·九歌》里的"乐莫乐兮新相知"回应。

两人畅饮一夜，聊到了天明。因为相识，两人都不觉得此次备考是一件枯燥乏味的事了，他们都相信参加完此次"书判拔萃科"考试，两人共事的概率会非常大。

放榜当日，两人都被授予校书郎一职。校书郎就是在类似国家图书馆的地方管理典籍，刊正文章之职。高兴之余，两人又相约去了一趟慈恩寺。从慈恩寺出来，他们骑马向皇子陂奔去。

一时兴起，元稹吟诵起白居易的"离离原上草，一岁一枯荣。野火烧不尽，春风吹又生"。他在十四岁时到长安科考听到了这首诗。两人就像久未谋面的知己，并排站在夕阳下，诉说着这奇妙的体验。

他们有共同的远大抱负，有共同的治理天下的理想，对接下来的人生都充满期待。因为白居易来长安备考时住的是客栈，所以元稹陪他找了一处简陋的安居之所租住下来，还有竹林相伴。校书郎是一个闲职，二人就有大把时间在一起吟诗作赋，品茶论酒。这段时间是他们人生中最快乐、最自在的日子。在这期间，元稹写了杂剧《西厢记》的小说原本《会真记》。

《会真记》中崔莺莺的原型是元稹十三四岁时私定终身的崔小迎，两人相识在舅父家所在的凤翔。一次，元稹误入崔家花园，听到了崔小迎弹奏的琵琶曲《霓裳羽衣曲》，一闻琴弦情愫生。本来二人约定元稹在考上明经后向崔小迎提亲，却因为元稹被韦夏卿看中选作女婿，为仕途放弃了这段姻缘。随着崔小迎的嫁人，这份遗憾也永远被埋在了元稹的心里。

在这段闲暇的时光里，元稹和白居易都认为校书郎一职实现不了他们的远大抱负，元稹又不愿意去岳父那里做幕僚，所以他们决定辞去校书郎一职，开始准备制科考试。

选择制科，还有一个重要的原因。唐德宗死后，唐顺宗李诵因风疾不能言语，被宦官逼迫退位，当了太上皇。新帝唐宪宗李纯继位后，李诵时期的朝臣皆遭到贬斥。在这场政变中，元稹和白居易的校书郎任期将满，两人就决定一起辞官参加考试。

制科是一种临时选拔制度，由皇帝下诏举行。唐代的科举考试分为两大类：一类为常科，包括秀才、明经、进士等的选拔；另一类为制科，考试时间不定，科目不定，主要用来选拔一些朝廷需要的特殊人才，由皇帝亲自主持考试。制科中选以后会立即授官，不像明经和进士还要等待很多年才会被任用。制科考试的对象主要是那些已经通过常科考试，还没有得官或者已经得官还想晋升的人。

两人一拍即合，开始备考。元稹认为白居易的茅草屋虽然简陋，但是有竹林，所以想搬来一起温书。

白居易觉得自己辞去官职以后，断了收入，还要负担母亲和弟弟白行简的开支，经济拮据，想搬去朱雀门东街的华阳观。这样既省了房租，又可以吃斋，而且此地离元稹的老宅只隔着一条街，两人比邻而居。

白居易搬家的时候，元稹带着家丁去帮忙。打发走家丁后，元稹留宿华阳观，又与白居易畅聊一夜，二人规划未来，相约紫袍加身，朝堂相见。

突然有一天，元稹的岳父韦夏卿病逝，元稹赶回洛阳处理丧事。等元稹回来后，白居易在安慰元稹时聊到了元稹的婚姻，提起元稹的初恋崔小迎。这时，白居易才讲出自己辜负的那个叫湘灵的女子的故事。

白居易的母亲陈夫人善诗词，希望把白居易培养成像李白、杜甫一样的诗人。白居易跟随父亲迁居到宿州符离时，发奋读书，长时间的诵读和书写导致他口舌生疮，手上也长出了茧子。有一天，白居易抬头望向窗外时，突然看到趴在窗边看自己读书的湘灵，两人就交谈起来。后来湘灵常常来看白居易读书，他们晚上还经常一起去后山看星星，而后私定终身。

陈夫人知道这件事后坚决不同意。为了拆散他们，在白季庚去世后，陈夫人让白居易去了江南一个亲戚家。为了尽孝，白居易最终没能跟湘灵走到一起。崔小迎和湘灵的故事，让白居易和元稹二人更加了解对方，他们都在对方身上看到了自己的影子，这使得二人在精神层面越来越欣赏对方。

制科考试名目繁多，有文辞清丽科、博学通艺科、武足安边科等百数十种。元稹和白居易参加的才识兼茂明于体用科，考查的是治理国家和辨别是非的能力。所以在备考期间，二人经常在一起讨论时政。因政局不稳，难以揣摩当代之事，常常"攻文朝矻矻，讲学夜孜孜"。他们讨论的话题被编入《白氏文集》的《策林》中。一来二去，元稹就常留宿在华阳观。这段时间，两人一起学习，一起探讨，一起饮酒，一起赏花，李绅也常来此相聚。

辅兴坊的胡饼在长安最有名。因为元稹经常提起自己想念那里的胡饼，白居易就常常买给元稹。

胡饼是唐代流行的一种主食，上至达官显贵，下到普通百姓，都非常喜爱。根据1972年出土于吐鲁番阿斯塔那古墓群中带有芝麻的馕来看，它应该就是当时的胡饼。

元和元年春末，二人皆通过了此次制科考试，同期共录取十八人，元稹考了第一名，白居易考了第四名。

为庆祝通过考试，二人相约荔枝楼饮酒。荔枝楼的荔枝都是从遥远的岭南地区运送而来的，消费自然不低。此时两人都停了俸禄，见白居易有些犹豫，元稹拽着他的手臂说："今天我做东，酒钱还是够的。"

两人在荔枝楼畅饮对酒,白居易写下了《荔枝楼对酒》一诗:

荔枝新熟鸡冠色,烧酒初开琥珀香。

欲摘一枝倾一盏,西楼无客共谁尝。

元稹家里有座尚书楼,平常他就在这里习书。考完试之后,白居易打算从华阳观搬出来。为了给白居易省钱,元稹就邀请他同去尚书楼居住了一段时间。

踏入仕途的二人,刚就职就遇到了各自的困境。元稹被授予左拾遗,此时的白居易还未被安排具体职务。

左拾遗属于谏官之一,主要职责是给皇帝提意见,属于近臣。元稹刚开始的谏言得到了皇帝的赏识,可因为入世不深得罪了宰相杜佑,被贬谪到河南府任河南尉。他就职时,白居易送他到东门外的灞桥,后来还写下了"同心一人去,坐觉长安空"的诗句。

因二人交好,白居易的任职也受到了元稹被贬的影响,他被外派到盩厔(zhōu zhì)为盩厔尉。虽然两人均得职务,却不能在一起共事。

盩厔尉就是盩厔县(现陕西省周至县)的县尉。唐代县政府有四个领导职位:县令、县丞、主簿和县尉。县令是县长,县丞是副县长,主簿负责督办公文,县尉负责执行具体工作。

公元806年冬,白居易与新结交的朋友王质夫和陈鸿一同游玩仙游寺,谈起马嵬坡兵变时写下了著名的《长恨歌》。后来,他又借着《长恨歌》的势头,根据自己做县尉时所见的百姓疾苦,写下了《卖炭翁》。

随着白居易名气的大增,他被调回长安,授翰林学士一职,属于皇上近臣。

这时候，弘农杨氏兄弟为结交白居易，有意将家中小妹许配给他。一年后，白居易升职为左拾遗。三十七岁的他在长安租得一处居所，迎娶了杨氏之女。

元和四年，元稹又被调回长安，任监察御史。

元稹和白居易的仕途起起伏伏，均屡次升迁，也被贬谪。在这段人生旅途中，他们一直通过书信将诗歌递送到对方手中，书信数量多达1800多封，互赠诗歌近900首。白居易母亲和元稹母亲的墓志铭，也都出自对方之手。

虽说两人一生关系甚密，可因为党争，两人也曾有过一段交情冷淡的时期。他们各自陷于对立的党派之中，元稹的仕途观也与白居易有所不同。在这期间，元稹为了获得宰相一职，不惜攀附宦官，也成了白居易冷落他的原因之一。

虽然有一些插曲，两人的友情最终还是无法割舍。元稹过世那年刚刚五十三岁，他的祭文和墓志铭都是白居易写的。

元稹离世后，白居易再无仕途之心，整日游山玩水。此时，他已位高权重。

白居易在多次被贬谪后，为官的心态发生了改变。他深刻意识到为官的初衷是为百姓做事，而非在党争中牺牲自己。白居易在苏州、杭州任职期间，为民生做出了不少贡献。在他离开苏州时，百姓无不上街相送。"苏州十万户，尽作婴儿啼"就是刘禹锡对当时场景的描述。

晚年的白居易名利、地位都有了，有一日梦中，他又回到了和弟弟白行简在夷陵（湖北宜昌）与元稹会面时的场景。他们在西陵峡口随着泉声找到了一处奇石溶洞，三人被洞中的奇景吸引，久久不愿离去。元稹说:"我们这些人本来就很难相遇,能共同见证这美景就更不易了。这就是'吾人难相逢,斯境不易得'。"白居易醒后,泪洒盈巾,写下了著名的悼亡诗《梦微之》:

夜来携手梦同游,晨起盈巾泪莫收。

漳浦老身三度病,咸阳宿草八回秋。

君埋泉下泥销骨,我寄人间雪满头。

阿卫韩郎相次去,夜台茫昧得知不?

在好友刘禹锡去世后,白居易搬入洛阳香山寺隐居,号香山居士。公元846年,一代"诗魔"白居易离世。

第二章
Chapter 02

让背影停留得更久一些

<u>一个人的时候要多关注自己。</u>

最近,我总是看到绝美的天象,尤其是早晚会看到紫色的云霞和大团的云山。于是,我拍了很多照片和视频分享在账号里。你要是有我的朋友圈,我想你很早就看见了。七彩祥云和紫色天空的视频都是我在兰州拍的,停车场那张是在北京拍的,之字形云霞是在郑州拍的。

我一直是个喜欢看天的人,却从未看到过如此密集的祥云,它们简直美醉了我的脑袋瓜子。看到彩云,我即刻停下车,在路边发朋友圈。我很喜欢分享朋友圈,因为我是个内心极度孤单的人,所以我还是期待有人能给我点个赞,最起码证明有人还在关注我。如果有一天,我发出去的消息和图片不再有回应,我可能就会去哪个山里躲起来,过劈柴喂马的生活了。有的时候我很想避世,觉得在城市里生活,和人打交道真的累心,又总想跟人说话。可是跟谁说呢?我简直就是个矛盾不能自洽体。我总感觉自己脑袋里想的事情太多,跟人交流时又因为自己语速过快,总是担心别人跟不上,会停下来多问一句:"我讲明白了吗?你明白了吗?"这两句话我经常在谈话中提到。

我现在擅长的领域好像不是历史,也不是文学,我好像连睡觉都不擅长了。认识多年的朋友因为在闹分手,打电话找我散步,我就干脆驾车去了他家。他独自一人养了只猫,那猫不让我抱,摸久了还凶我。聊了半天,我感觉两个人如果真想要没有矛盾地生活在一起,那简直就是个天大的奇迹。不同背景、不同成长环境、不同性格的两个人，为了逃避孤单，勉强告诉自己我是喜欢对方的吧，然后就这样骗过自己、骗过对方，随后就真的在一起了。后来，发现这个人比自己还懒，这个人比自己还害怕孤单，这个人心理上竟然这么不独立，这么依赖我，脾气还这么大，总跟我吵架，好烦！既然这样，好，我压力太大，我们还是分开吧！决定在一起是两个人共同达成的意向，分开的多数原因都是其中一个人不愿意了……我想我们都四十岁左右了，人生也差不多过半了吧，难道真的不能一个人好好看看天空，不能找好友出去旅游、吃饭、看电影吗？这些快乐总比闻到被窝里的臭屁、反复猜测对方脾气的时刻，和面对那些家庭琐事时来得开心吧！想了半天，无非就是自己独处的时间太多了，应该让自己忙起来，忙着去赚钱，或者找朋友喝茶，这不都挺好？谁都想做被人疼爱的那一个，谁都想做宝宝，可谁又没生你、养你，凭什么要无缘无故地、全方位地照顾你的心情和生活呢？生活是在身边找快乐，不要总在别人身上找烦恼。如果烦恼多了，那就一个人吧！我鼓励烦恼多的人一个人生活，就像我，自从一个人以后，眼神都变得清澈了，整个大脑都在独立运作，不受任何人干扰。反正我记住了长春真人丘处机的一句话：贪财恋色，多病多忧！希望有一天，我能彻底断绝对情欲的、那仅存的一丝丝多余的想法。绝情、绝欲、绝自己……不入绝境，哪能凤凰涅槃呢？

　　认识我很久的朋友们，或者读过《大河两岸 岁月兰州》跋文的读者，肯定知道我这几年生了一场大病。我曾以为这个疾病是极其特殊的，可是后来当我告诉身边的朋友时，才得知我身边不止一个人跟我有类似的经历。更为相似的情况是，他们跟我一样具有对人生认知的改变，开始关注哲学，思想认知接近同一个方向。而他们都是在各自行业不停努力而且很优秀的人。

我出院后，身边的人帮我分析了很多生病的原因，大部分说是因为过度关注战争历史，导致精神压力过大。但让我自己说，我认为是因为过度用脑导致失眠，进而引起的大脑损伤。我很喜欢思考问题，尤其是关于工作的。我不喜欢被动地接受知识，这一点有好处，也有坏处。好处在于我想明白了很多疑惑，坏处就是想问题的时候会越来越兴奋，导致失眠。

后来，我开始对道家哲学产生兴趣，注意这里指的不是宗教。我所说的道家哲学，要从伏羲创出太极两仪八卦图开始。道教思想出现得更晚，在东汉之后，玄学是竹林七贤后才开始发展的。那天去见了中医马大夫，在跟他聊天的过程中，我终于想明白了何为精气神。在我看来，"精"是身体本身的组织，直白点说就是构成你的蛋白质、细胞、肌肉、大脑和脏器等；"气"则指的是运化功能，就是你的身体机能、各个脏器的功能是否完好，能不能像机器一样正常运作，如果运化不好，就说明气不足。而精、气不足，就会导致"神"游离在外。所以自从经历了这些事情后，我想对你说，即使工作压力很大，也不要想不开，哪怕生活不如意，也要保证充足的睡眠，不要劳累过度，千万不能透支自己的身体，人要有强大的心理建设。

我的姨父是军人出身，平时见面他很喜欢跟我聊天，有一句话我始终记着："人这一辈子就活个内心强大。"人生在世，不如意之事十有八九。人人都一样，无一例外！希望看到这段文字的你，能以一颗平常心面对自己，不要过分奢求大富大贵。曾经卖过一本书——姑苏阿焦的《人间小满》，我用过一句广告语：小满即圆满。

旅途仿佛永远没有既定的目的地，一切皆是随机的不期而遇。此刻，我即将登上从济南前往青岛的动车，倘若没有意外，下周二便要奔赴北京。工作计划向来只是大致框架，并无明确的细节与精确的时间安排。创作《大河两岸 岁月兰州》时，我连故事梗概都未曾起草，从序言起笔，持续书写，不停笔耕。所有的想法与逻辑皆在创作过程中随机涌现。写到全书三分之一处时，伟子带着诗文的意见稿前来兰州与我会面，最终确定了立项意见。

自 2021 年开启短视频创作之旅，汽车行驶里程从 14 万公里一路攀升，如今已接近 32 万公里。上个月水箱第二次出现漏液状况，发动机也遭损坏。我耗费三天时间，从兰州前往北京，再从北京折返兰州，开回了伟子的车。汽车出故障时，我竟茫然不知该向何人求助。我每天需要前往诸多地方，无论是出于工作需要还是生活需求。有了汽车，我的办事效率提升三倍，我得以在短时间内处理完事务，随后又能迅速回归自己的小天地，从而抽出时间让身体尽量得到休憩，如此我方能有闲暇思索自身未来的方向。

如今踏上了写作之路，一切皆是命运的安排。将写作作为职业，以此谋生是有难度的。现今伴随网络时代的蓬勃兴起，传统的发行渠道已经难以给文化产业注入强大的生机，整个行业仿佛陷入一个怪圈。鲜有作者甘愿全身心地投入到写作的工作中，并且践行传递思想这一根本职业使命。图书的品类繁多，其中童书是规模最为庞大的一个分支，盈利也颇为丰厚，皆因"望子成龙"这一观念深入人心。人们总是将期望寄托于父母、伴侣、儿女、好友身上，却唯独不在自身寄予希望，这般逻辑也已经成为社会的常态。

如同在困境中盲目抓取一把稻草，却遗忘了自身本就拥有双腿，可以自主站立。倘若自己无法成为身边人的楷模，又怎能期望身边人以己为榜样学习效仿，又怎么有能力促使儿女成长为参天大树而非柔弱稻草呢？我们学习知识，无论是通过书本、旅途还是实践，终极目标就是探寻这个世界运行的规律，而非仅仅着眼于手段。掌握规律便能遵循规律行事，不必一味追求"技多"。虽说"技多不压身"并无差错，却需付出诸如时间、财力、精力、体力等极为珍贵的个人资源作为代价。要打破这一理论困局，唯有以最小的投入获取最大的回报，方法就是——多思考，运用掌握的规律去付诸行动。图书并非仅仅助力知识的增长，更在于协助探寻规律，提升更高维度的思考能力。犹如我们健身锻炼体魄，大脑同样需要磨砺。图书恰似大脑的"健身房"。赵恒的《劝学诗》中有两句尤为闻名遐迩："书中自有黄金屋""书中自有颜如玉"。还有一句"书中车马多如簇"是我最为喜爱的，因为它清晰地告诉我一个方向，条条大路皆可通向罗马。选择哪条道路并不是关键，乘坐何种车辆亦不重要，关键在于自身能够独立行走，自如驾车。万变不离其宗，以不变应万变，此事即为"锻炼大脑"。

　　借助读书、旅行、社交等诸多途径使自身思考能力得以强化，就如同使用健身器材与掌握训练方法，用以强化肌肉一般，都在助力大脑的成长。探寻规律，遵循规律行事。慢慢来，不要着急，不要强求，因为总有一朵花是开给你看的，总有一盏灯会为你照亮夜晚的道路，总有一个人的一句话会成为你登上高处的台阶。

温暖给了我成长的力量

2010年初,因为身体不好,我从南宁坐飞机回兰州。当时买不到直达的机票,就选择在西安落地,停留一天。

我经常去西安,不仅因为有一段一厢情愿的感情流落在那,更因为我的小姨姥姥一家生活在那里。

我妈十九岁的时候母亲就去世了,二十七岁生下我的那一年,父亲也离开了。对我妈来说,除了四个哥哥,最亲的人就是她的两个姨母了。小时候,爸妈因为要上班,没有时间照顾我,奶奶身体也不好,所以有几次我就被送去了大姨姥姥家。我站在床上,大姨姥爷拿着痰盂帮我接尿,令我记忆深刻。小姨姥姥在兰州大学读的书,是中学的数学老师。听我妈说,姥爷是小姨姥姥和小姨姥爷的介绍人。

小姨姥姥讲数学课真的很厉害。我上高一的时候数学成绩不好,那时候她经常回兰州居住,我妈就让我去她家补习数学,可我那时是有社交恐惧的,内向得很,不愿意去。于是,小姨姥姥跟小姨姥爷吃完饭就走路来我家给我辅导功课。她讲了半个小时,也没什么技巧,就是用手指着书上的内容一条一条让我读,我竟然很快就掌握了那一节的内容。她有三个孩子,听说我的小舅舅当年是甘肃省的高考状元,考入了首都医科大学。

西安的冬天跟兰州比起来还算好,过了秦岭能稍微暖和些。下了飞机,小姨父在机场出口等我,他说:"你小姨还没落地,我先带你回家。"小姨是小姨姥姥的小女儿，小姨姥姥和小姨姥爷退休后就跟着她在西安生活。小姨是名空姐，以前也在兰州工作，后来因为工作调动去了西安。她更喜欢别人管"空姐"叫作"空中乘务员"。

小姨父开着车，一路上都在跟我说话，讲怎么工作，怎么看问题。他是个爱讲大道理的人，总说男人什么事都要看开一点。他是军人，具体职务我虽然不知道，但我知道他是个大校。我对他一向是仰望的姿态，所以他说话的时候我都会认真听。那次在西安，我印象最深刻的就是他告诉我：人就是一包水，人体含水量占70%多。因为生命是很脆弱的，所以什么事都不要太往心里去，要活得洒脱一点。谁都会死，谁都会生病，很多不生病的人也不见得就能活很长时间，反倒有好多人一辈子病恹恹的，寿命却很长。

小姨和小姨父都有很大的烟瘾，也经常喝酒。有一次小姨父住院，我就买了两条烟送到医院去。小姨说我："你见过谁到医院看望病人还送烟的？"说着她自己也笑了。"涛涛给你买的烟，给，使劲抽吧。"有时候，我也分不清他俩到底是在吵架还是在开玩笑。说是在吵架吧，过会儿又哈哈大笑起来；说是开玩笑吧，一旦有句话对方觉得有问题，就又吵起来了。前年，小姨父做了心脏支架手术，好像是终身要吃抗血栓的药物。

十年前，手机导航还没有像现在这么普及，每次我和我爸开车去小姨家，经常找不到路，进了西安市区就是小姨父在电话里人工导航。虽说他跟小姨都退休了，可还是忙忙碌碌的，有段时间好像是忙跟电梯有关的事，后来又跟朋友忙电子设备的事。

小姨是个很爱干净的人，我妈说这跟她的工作有关。我每次去她家，发现她进门的第一件事就是先拖地，然后拿着纸巾、湿巾，把在各处藏匿的灰尘都打扫干净。没有退休前，小姨的工作任务也很繁重，因为每次到西安，我都是住表弟的房间，所以我知道她早上四五点就要赶大巴去机场。我很喜欢看她穿上工作制服的样子，超级漂亮。2024 年，她和小姨父带着小姨姥姥来兰州散心，还到我这里帮我做了一下午的卫生，把零零散散的物件摆整齐，扔掉了很多我舍不得扔掉的无用东西。

我妈说我刚出生的时候，姥爷瘫痪在床，已经是弥留之际了。因为住在一楼，小姨姥姥就趴在窗户上看望我姥爷，带的吃的就从窗户里塞进来。我的很多尿布，都是小姨姥姥帮我妈洗的。

2010 年，我开了一家广告公司，因为经营不善等原因，事业没有做下去。有段时间刚好朋友有套房子在西安的未央湖，说让我过去帮忙装修，给我劳务报酬。我就在西安住了三个月左右，基本上都是住在小姨姥姥家里的。

我因为双相情感障碍住院的时候，对我关注最多的就是小姨和小姨父。两次住院，他们都不停地给我身边的人打电话，询问我的情况。我第一次能从医院出来，也是因为小姨给我爸做了大量的思想工作。

可能很多人听我说起这个病都会不以为意，觉得应该跟抑郁症差不多，其实实际情况要比想象的严重得多。双相情感障碍在情绪低落时发作，会使人陷入抑郁，在情绪高涨时发作，又会使人极度亢奋，也就是说，患者的情绪时而高涨，时而抑郁。发病的时候，我会进入一种无法睡眠的状态，总觉得自己只要睡着了，就无法再呼吸了。即便闭上眼睛强迫自己,也没有办法入睡,只能通过药物来强制自己睡觉。这个病的病因就是我长期没有规律作息,到了晚上不睡觉,困的时候就喝大量的咖啡来提神,使自己一直处于亢奋状态。

　　除了小姨和小姨父,在我第一次发病期间付出最多精力的应该是四川的容阿姨了。

总有很多双手把我拽出黑暗

如果我不小心掉进枯井中,井边肯定站满了人,有找来梯子的,有向下放绳子的,还有向井里扔食物的。无论怎样,总有人伸出双手,把我从黑暗中拽出来。

容阿姨是我的忠实粉丝,没错,我刚做直播的时候,她每场直播都给我买几个啤酒杯。今天打开朋友圈,又看到她写的文章,她已经走上了文学之路。

容阿姨说是我把她从麻将桌上拯救出来的,因为我做诗词的视频感染了她。她刚开始写诗词给我看,让我帮她修改,我总是批评她写得不好。她看书的时候喜欢拿红笔在文字下面画上波浪线,我告诉她,每本书都可能有下一个主人,所以你不要把它画得乱七八糟的。

有一次,我跟边雪路过成都,容阿姨说要见个面,请我们吃饭,我们就把地点定在了太古里。见面的时候,她穿了身浅色衣服,戴了一个大檐帽子,一副贵妇的样子。

"小沐,我终于见到你真人了!哎呀,好高兴呀!"

"容阿姨好。我们吃顿便饭就好了,这个饭馆太高档了,规格有点高。"

"第一次见面,肯定要请你吃好的呀!"

我们三个人坐了个大圆桌。

当我打开记忆的匣子,总会趁自己还能记得一些事时,赶快把它们写下来。一个口子被撕开，里面的棉絮就会开始往外翻，越拽越多，大多是凌乱的。

第二次见容阿姨，是我打电话给她的。我说我要去远行了，边雪去国外工作一段时间，没办法陪我，问她愿不愿意结伴同行。她很痛快地答应了。

我带着毛毛和乖乖，开了11个小时的车，从兰州到了成都。满车都是户外用具：帐篷、移动电瓶、被子、茶几、炊具、电褥子……后排和后备箱都被塞得满满当当的。

"容阿姨，你少带点行李，我的车上放不了多少了。"

"我就一个箱子。"

见面的时候，我才知道她口中的箱子原来是可以占掉我半个后排座位的超级大箱子。好吧，毛毛和乖乖只能委屈挤一下了。

之所以要找个旅伴，主要是因为我需要一个换驾的司机。

人的一生中，一定要有一次难忘的旅行，才不枉这世间你也曾来过。我们有经历、有收获、有磨炼、有成长，也有难忘和不舍。还有好多遇见，能邂逅更多的未知与陌生。如此才堪称"在那遥远的地方"。

为了帮助我回忆那段旅程，我拿出了容阿姨寄给我的她写的第一本"书"，与其说是"书"，倒不如说是一本旅行画册。她把我们一起的旅行记忆通过文字和照片的形式整理出来，用铜版纸装订成册，上面一段话就是开篇的引言。

我是一个不喜欢拍照的人，除为录制短视频需要拍摄外，我越来越不喜欢拍摄了，尤其是别人让我帮忙拍照的时候，我大多会给他们拍得很难看，因为这样，下次他们就不会再找我拍了。这次的行程很长，大概近两个月，一路上，容阿姨大多数时候都是自拍，再就是她给我拍。只是没想到，她竟然装订成了册子。这本小册子叫《沐容游记》，虽然记录得不是很全面，但我想她已经绞尽脑汁在回忆了吧。

我们从四川到了云南，从泸沽湖到了西双版纳，从德天跨国瀑布到了湛江，轮渡过海，绕海南岛一周，途经广东，又入江西，见了朋友，又回到武汉，绕回四川进入甘肃，在洛克之路上露营了近一周，因为特殊时期不得已返回成都。在这之后，我又独自坐飞机去了趟山东，在山东有发病的苗头后就又回到了成都。

简单的一段话概括了行程，可要是认真讲是能写一本书出来的。对我的人生来说，也是一段精彩的故事，尤其是在我发病前夕。这一段如果用我的嘴讲出来，肯定是带有一点迷信色彩的，所以这里就先掐掉，谁想听有机会见面我讲给你听。可以说，在发病前的旅行中，我的精神状态最放松。

你绝对不会想到一次远途旅行，容阿姨会带上什么行李。花瓶、果盘、叉子……起初，我真的很无语，为什么要带这些东西出门？没想到后来还真派上用场了。在洛克之路露营的时候，她在自己的帐篷里插上了小野花；在洱海住民宿的时候，她做了果盘端给我吃……嗯，她确实是一位心里藏着精致生活的人。

这一路，你说哪里的风景最美？好像也说不出来哪里最美，但处处都值得留恋。有点遗憾的就是到了玉龙雪山脚下，我建议不要上去，就在山下看一眼就成，因为我觉得没什么好看的，不知道她会不会也这样想。不过后来我后悔了，因为她跟我说，这次旅行也许是她人生中的最后一次旅行了。

  容阿姨的手臂和腿上有大面积的烫伤，据说是年轻时开饭馆被一锅热油烫的，可见她年轻时吃了很多苦。她有个孝顺且有能力的儿子。每次见到她，她都会夸赞自己的儿子。那一路，她给我讲了很多她年轻时的际遇，包括几段不幸的婚姻。在旅行的途中，她有一位好朋友去世了，她说自己暂时不能开车了，就坐在副驾上放空了很久。我只能说一些安慰的话，虽然这些话也起不到什么作用。

  我们在海南岛冲浪是容阿姨最开心的时候。我们还去浮潜，当时我晕船吐了好久，我自己也玩得好疯。

  令我印象深刻的事，是我们在文昌的椰子林吃正宗的农家椰子鸡，以至于后来离开文昌，我找了很久，都很难再吃到那个味道了。

  文昌椰子林有个木屋酒店，傍晚海水退去，我们带着抓到的螃蟹和撬下来的生蚝去路边的农家乐，付了70元加工费，老板帮我们做好，就这样解决了一顿饭。

  绕了海南岛大半圈以后，我们到了东方市。我第一次听说黎锦，还有八所，知道了那里是黄花梨的主要产地。有一家酒店允许我带着毛毛和乖乖住进去，我们就导航过去。酒店外是一片椰林，再往外走就到了海边，虽然海水没有三亚的那么清澈，但是温度适宜，也很平静。没有大浪，没有风，我与容阿姨带着个救生圈就下水了。看着夕阳在海边逐渐落下，整个东方市都被笼罩在红彤彤的霞光里，很梦幻。我们就这样泡在海水里很久，看着太阳慢慢离开视线，这是我人生中为数不多的放松时刻。

  回到成都，我又去了趟山东，再回成都时，身体就出现了问题。边雪带着我爸妈赶到成都，把我送进了医院。

住院前，我的精神状态极为恍惚。我妈那时候视力已经不好了，在他们来成都前，原本是计划送我回兰州的。在容阿姨送我去机场的路上，我突然在半路下了车，朝着一段我不认识的路走过去。我摘下手表送给清扫马路的大姐。我想让自己消失在这个世界上，我要丢下亲人、朋友、社会身份，丢下我身边的一切，我想去流浪……

不知道过了多久，容阿姨开车过来接我。

因为担心我在回兰州的路上又出现问题，他们决定就地让我住院。后来小姨打给我爸的一通电话，最终让他们决定把我接回兰州。我爸开车，带着我妈，从成都把我接了回来。

在成都住院期间，几乎都是容阿姨在照顾我。因为病区是全封闭的，她买了很多水果送进来，还有外卖。我吃不完，就分给病友。毛毛和乖乖是边雪开我的车带回兰州的，那时候都是边雪在照顾它俩。

如果让我把这些事的细节都写出来，我是恐惧的，我想竭力让自己忘掉生病期间的记忆。可是很难忘掉，我只能不去想，想多了，担心自己又走进去出不来。

刚刚我给容阿姨打了个电话，问她最近身体怎么样。她说自己的小腿有点毛病，担心是血栓，去做了经络推拿，过几天还要去拍短剧。她现在已经是一个经常出现在荧幕上的群演了。

你害怕这个世界吗？或者像我一样要逃离现实，从而陷入思想的旋涡，选择一个人跳进井里待着。井里是黑暗的，我们要断绝与外界的联系，从而获得自由。这很难。掉进井里很容易，有时候是一个意外，有时候却是故意的。可是不要担心，井边站着很多人，他们希望你回归，他们在你独自面对黑暗的时候，把手伸进来将你拽出去。如果你觉得全世界都抛弃了你，你一定要大喊救命，让身边路过的人知道你有危险……他们会过来的。

我向容阿姨要来了她记叙那段旅程的回忆，你可以换个角度来理解这段故事了。

附：难忘的旅行

作者：清满

　　人的一生中，一定要有一次难忘的旅行，来人间才算值得。在旅行中，有经历、有收获、有磨炼、有成长，还有许多难忘和不舍，以及无数美好的遇见。邂逅了未知，亲睹了美景。如此，这次旅途才称得上"在那遥远的地方"。

　　风餐露宿，并不狼狈；狂风暴雨，一蓑烟雨。旅行带给我与大自然的亲近感，是难得拥有的回忆。

　　我有无数个第一次不能忘记，也是不易再次遇到的。

　　这次同行的是一位年轻后生，他很有学识。虽然我们是两代人，但他似乎与同龄人不同，和我并无很深的代沟。不嫌弃我这个老太婆，实在难得。

　　他有短视频账号，笔名沐泽川。我们有个粉丝群，几个阿姨都叫他小沐。他对历史、人文、地理都有自己的看法，从他那里能学到很多我不知道的东西。我们刚开始是师友，后来更像一家人。他比我儿子小一岁，知道得多，性格也好。他是个爱国的好孩子，有是非观。当然，他品貌端庄，很受粉丝们的喜爱。能与他相约同行，真的很愉快。

出行第一晚，令人难忘。

行至天黑，小沐在一个服务区搭起了帐篷。他忙着撑帐篷，我也帮不上忙，只能尽量不添乱。我从来没有在户外睡过觉，总担心有野狗冲过来，还想着会有虫子钻进帐篷。然而，当我看到多年未见的星星出现在头顶时，心中的惊喜难以言表，童心瞬间不受控制地迸发出来。"好久没见到这么多星星了！"随后，我又向草丛走去，寻找着萤火虫的身影。可惜，四下没有一点光亮。

记得小时候，星星和萤火虫经常同时出现。看星星的时候，就会有萤火虫在草丛里闪烁，星星点点，随手就能抓到两只。有时会捉几只放在蚊帐里，看着它们一闪一闪的，就像把自己置入了星空当中，一会儿就睡着了。如今，这样的景象很难见到了，心中不免有些失落。夜深时，我听到了蟋蟀的叫声，这也算是难得的收获和遇见了，我不禁竖着耳朵听了许久。

一早我们开始赶路，遇见了无数个漂亮的小山丘，郁郁葱葱的山岭让人流连，总想停下来发会儿呆。到了泸沽湖，我在岸边捡起一株水草，在水里晃荡，久久不愿起身，心中满是贪婪地享受回归自然的舒畅感。在山城的最高处俯瞰城市全景时，我竟产生了不想回家的念头。有两次我们迷路，转了好多圈都找不到住处，两人相视大笑，那憨直的模样至今难忘。

在大理，又相遇花海。我吃到了喜欢的乳扇牛奶冰棍，以至于回到住处后，他和我仍心心念念着再买一根。下着雨满大街地找冰棍，路上又走岔了，错过了卖冰棍的地方。小沐觉得可惜，没有再吃到，我却觉得寻找的过程也很有意思。

心灵需要经过一次又一次的过滤，才会变得洁净如镜，美善光亮，岁数越大越像孩子一样真实。哪怕是在路边扯把野草，也能当作一束鲜花般美好。每次吃甜食，小沐总会先让给我，等我吃上后，他才说他不吃。原来是因为甜食的热量太高，他怕拍视频不好看，现在的男孩子也爱臭美。

到了洱海，我们住在民宿里。房间外面有一片带坡度的绿草地，草地上有秋千，还有专门供游客拍照、看海的平台。晚上，我们坐在洱海边，喝了点小酒。听着海浪撞击石头的声音，仿佛一曲美妙的音乐。他说洱海让他想起自己的一段恋情，说着说着又沉默不语，只是吟了一首自己写的短诗来纪念这件事：

陇上不见海，想在昆明畔。

千里付曾经，不见故人心。

听完诗后，我也被他代入了感伤的情绪中，此时的浪花在不语中替我们言说。过了许久，他回房间休息了。我坐在摇椅上，闭着眼睛，继续沉醉于涛声中。那声音好听到让人失眠，就想一直这样坐着。也许从西南盆地来的人，都会喜欢这里吧。夜露风寒，不知许久才回去休息。

之后，我们到了西双版纳。这里好热，湿度太高了，我有些喘不过气，汗珠不停地往下掉。"有棵莲雾！"小沐跑到一棵树下，捡起个果子，用矿泉水冲了冲，递到我手里，非要让我尝尝。我还没见过这种果子，怕是有毒，就浅浅地咬了一口："还真不错，水分挺大！"晚上去了星光夜市，我买了套傣族服装，小沐劝我别买，我还是执意买下来。后来打听到一家本地傣族人的裁缝店，又定制了一套，墨绿色的，自己非常喜欢。

从西双版纳路过德天瀑布，一路向东到了建水。刚好到了傍晚，我们就从高速下来寻找住处。进城先看到了一座非常漂亮的古楼，名叫朝阳楼，建造于明代。在这里多逗留了两日，去了小桂湖，才知道这里与《临江仙》的作者杨升庵有关。因为我住在成都，所以知道新都也有桂湖。建水产陶，建水紫陶是四大名陶之一，其特殊性竟能改善水质。小沐在这里买了一些紫陶制品送给我和他的朋友。

旅行的日子有时日行千里、披星戴月，有时安住赏景、悠然恬静。在海南文昌的椰林湾，我们傍晚去海里抓螃蟹、铲生蚝、捡海茄子……海里出现的东西真是样样都稀罕。在路边找到农家乐的老板帮我们加工好，吃着自己赶海来的海鲜，觉得味道格外鲜美，我不停地拿手机拍照。

小沐让我尝尝椰宝，以前我都没有听说过。路边的小贩带我们去他家的椰林下挑了很久。小贩说能卖的椰宝不多，因为多数要拿去种植，长大就是椰子树，只有长得不好的才能拿来吃，所以市场上很少流通。

在琼海，我看到了万泉河入海口，海水和淡水在这里相汇。天气炎热，我们顶着烈日，在海边走了段路，碰到外国人在那里玩滑翔伞。

脚下的沙滩很软，会往下陷，因此脚步变得很慢。在万泉河的入海口，我一边走，一边品尝水是不是咸的。这时，我突然感到自己回到了孩童时期，身心变得放松和愉悦。

那天我接到了一通电话，事情来得非常突然。我的好朋友因为癌症去世了，我不能回成都吊唁，这让我难过不已。出行之前，我忘记去看看她了。刚刚进入我身体的年轻灵魂，又突然抽离，自己还是要面对现实。

连朋友的最后一面都没有见到,难过中带着遗憾,我心里很痛,回到房间一个人放声大哭。晚上,我给自己斟上酒,没两杯就醉了过去。很感谢小沐,第二天听他说,我的朋友因为一直联系不到我,给他打电话让他来我房间看看。是他把我抬到床上,帮我打扫了全是呕吐物的房间,把拖鞋洗干净放在床边,还给我擦了脸。

到了万宁的日月湾,我才知道这里是冲浪者的天堂,是中国著名的冲浪胜地。这里水质清澈,海水的年平均温度在 26.5℃ 左右,是中国冲浪资源最优的海湾,备受国内外冲浪者喜爱。这里还是冲浪国家队培训基地,每年都会举办高水平的冲浪赛事。我从未体验过冲浪,因为我是个怕水的人,好在小沐水性很好。我就壮着胆子,套上救生圈去尝试,玩累了就去烧烤摊吃烧烤。

晚上,沙滩上有唱歌的,有调酒的,有来自四面八方的年轻游客围坐在小椅子上,形成一个个圆圈,这些圆圈点缀着海滩。我们也去凑了个热闹,小沐还唱了首歌。我们遇到了两位年轻漂亮的小姑娘,她们刚读研结束,也是结伴出来游玩的。我请她们喝酒,看着青涩的她们,我不禁回忆起自己年轻的时光。从青涩懵懂到历经风雨坎坷,如今再看她们的前路,似大海一样宽阔,真是羡慕她们,希望她们有一个好的前程。

第二天晚上,海水退去,水面出现了石滩。我站在海边,看着汹涌的波浪你追我赶,盖过石礁来到脚下。我任由海水打湿了裤腿,思绪又不知道云游去了何处,就这样呆呆地站了很久。回想起刚刚离世的朋友,叹息人生无常,美景就在眼前,身心却顾不上体验,思绪反反复复。好好生活吧,生命无常,多体验当下。本来想回四川休整,想想还是先走完行程。

在天下第一湾——亚龙湾，我看到了一望无际的银色海湾，这里是东方的夏威夷，与巴厘岛、普吉岛齐名。听说这里有个传说：有一个叫阿研的女子，在这里很受孩子们的喜爱，孩子们称她为伯母，她是一名仙女，和一个当地的渔民结婚，生活在这里。

我们一起去看了南海观音，三面观音尤为壮观。愿天下安宁、愿身体安泰、愿福寿同享、愿国泰民安……

小沐与我是两代人，可他的心思有时比我要成熟。一路走来聊了很多，我们更像是忘年交。

到了东方市，我们去拍摄落日。在烈日下，我们等待太阳下山。一切都不觉得辛苦，我尽情体验这绚丽的美景和天边的彩霞。

海滩上游人如织，海风轻拂。所有人都像影片的胶带被放慢了，追逐、嬉戏。我就像进到了一个超级大的影棚里，这一切都显得那么不真实。

我们从海口去往湛江，坐轮渡从徐闻离开。离开前，我们去了海南省博物馆，还买了些文创留作纪念。参观完博物馆后才明白，很多历史知识只有在博物馆才能学到。每到一个省份，第一站应该先到博物馆，这样才能让你增加好多历史知识，还不会让你错过好的去处。最后一站才来，这着实有些遗憾。

路上恰逢我的生日。这一年，我58岁。58个春夏秋冬，我却第一次在这么远的地方过生日。小沐选了家川菜馆子，为我庆生。我很感谢有这样一位好友陪伴，也庆幸这个生日不是一个人。

我们从广东一路直插江西，要去拜访一位妹妹，中途住宿在山中。这里云雾缭绕，仙气升腾，琪花瑶草。本打算只是歇个脚，第二天就出发，没想到一留就是三日。这里种了很多黄桃树，还有瀑布溪流。清晨，层层云海，真实的世界已不在身边。植物的叶子和花瓣上，都挂着大小不一的露珠，晶莹剔透。这里是江西赣州的明悦小庐山，我们去的时候人不多，希望有机会我还能再去一次。

我们赶到江西广丰，想着与好友童妹妹会面结束后就往回返。

童妹妹是我跟小沐的共同好友，我们聊了很多。最特别的就是见到了她的小孙子钱钱，真是可爱。钱钱不仅会念诗，还会打拳，也是小沐的忠实粉丝。童妹妹挽留我们吃完午饭再走，客随主便，饭后我们就又出发了。童妹妹准备了很多水果给我们送行，她很细心，洗干净装好了让我们带上。我们这个年纪的人，内心越来越脆弱，见不得分别。妹妹含泪相送，我也泪水满盈，实在不舍。

回程路上住在景德镇。小沐说他三次来江西，都没去景德镇，这次一定要去看看。第二天，我们去了陶瓷市场，他又给朋友们买了很多礼物，还送了我一套九色鹿的茶具，是那个店里最贵的一套茶具，杯上绘着莫高窟的九色鹿图文。他说这是补给我的生日礼物，希望我能常去甘肃。那套茶具十分精致，我很喜欢，也非常感动。我们还参观了官窑遗址，被先辈们的精湛工艺震撼，也被文物修复专家们的辛苦付出和专业技能打动。

在湖北房县我们又落了脚。早上出去转了一下，深深感受到中国文化的博大精深，在哪里都能见到历史文化的足迹。在酒店所在的步行街上，我看到墙壁上有一幅画，画上的人名叫尹吉甫，他是中国历史上有记载的第一位诗人，是《诗经》的主要采集者和编撰者，生于房陵，卒于房陵，被尊称为中华诗祖。原来，《诗经》在房县历代传承，使房县成为中国文明的《诗经》之乡，房县的每条街上，处处都能听见广播里传来的古诗词文化介绍。小沐在画像前站了好半天，也不知他在思忖什么，也许他也想成为一个有所建树的人吧。

在回兰州的途中，因为特殊原因我们回不了兰州，便只能往四川方向走。我们打算先去九寨沟，那里离兰州不远，之后再回去，顺便还能去一下九寨。但事与愿违，当时是暑假，正值旅游旺季，人山人海，纷至沓来。我们改变了计划，不进九寨，直接到甘肃的扎尕那。我见到了洛克之路，小沐说要在这里露营，住几天再走。

到了露营地，我才明白他为什么想来这里。这里三面环山，都是形态各异的高耸山峰，山上有少许小树，各处都是彩色的花草，中间有一大块平地草原。草地正中有一条清澈见底的小溪，溪水里完全没有泥沙，各色石子躺在水底。各种小鸟在这里齐聚，我第一次亲眼看见老鹰在头顶近距离盘旋，令人心醉神迷。我沉醉在美景里，都忘记帮小沐搭帐篷了，小沐开玩笑说："你能不能有点眼力见儿！"

我曾经无数次地想过，若是能有个风景优美的地方，没有人间烟火，就一个人住上十天半月，关掉手机，与世隔绝，让身体和灵魂都安静安静，再带上一本书，那该是多么奢侈的一件事。没想到真的实现了。这里虽然无人居住，但牦牛会经常光顾，草地上留下不少牛粪。这次出门我带了一个小花瓶，每天我都把采来的野花插进去，装点着我的小帐篷。

想着要看书，老花镜却丢了。小沐就开着车去几十公里外给我配了副老花镜，我陪着毛毛和乖乖在这里守帐篷。

这里的气候特别，早晚温差极大，去配眼镜的时候小沐给我买了一条秋裤。他把帐篷布置得很漂亮，还专门搭建了一个小厨房，用大大的天幕撑起了喝茶的区域，旁边紧挨着两顶帐篷。这便成了我们临时的"家"。

营地旁边有条公路，一位骑行的大哥路过时，被我们的帐篷吸引，特意停下来观赏，还不停地夸赞我们的帐篷很酷。小沐热情地询问大哥是否吃过饭，得知大哥还没吃后，便拿出一些食物送给他。大哥很客气，只拿了一点。此后，路过的车辆常常会因为我们别具一格的帐篷而放慢车速，不少人还直接把车开到帐篷边，停下来拍照留念。

这里经常下雨。白天从草地走过，草上的水珠都会把裤脚打湿，但这丝毫没有影响我们的心情。面对眼前的美景，即便打着雨伞，我都忍不住想在草地上尽情奔跑几圈。小沐把桌子搬到小溪边，打算用溪水煮茶。我见了打趣道："咱们都穷到只能喝溪水了吗？"

小沐笑着解释："这可是最天然的矿泉水。"

"那给它取个名字吧，就叫沐泽川矿泉水。"我俩手捧茶杯，坐在溪边，看着潺潺流水，无须言语，内心都满是惬意。我不禁感慨道："这般生活，恐怕连神仙都要羡慕呢！"

在清澈的溪流边品茶，与在绿茵茵的草地上喝茶，意境截然不同，但都令人难以忘怀。在这个人们都忙着挣钱还车贷、房贷，为子女的高额学费奔波，为加薪、评职称拼命的时代，又有多少人能有机会享受这份美好呢？

在这里住了好些日子，一直没吃到新鲜的蔬菜。小沐提议去挖野菜，虽说好多野菜都不认识，但我们知道蒲公英是可以吃的。于是，我们挖了不少蒲公英，当晚就做了一道蒲公英炒鸡蛋，味道还真不错，我们吃得津津有味。

不过，困难也随之而来。一天晚上，毫无预兆地刮起狂风，下起暴雨，"餐厅"的帐篷瞬间被掀了个底朝天，连住的帐篷也被大风吹开了。小沐赶忙先修理住的帐篷，之后又去收拾"餐厅"，可风实在太大，根本无法重新搭好。

我们只能把一大块天幕平铺在地上，用钉子固定住，把东西盖好。此时的小沐早已全身湿透，再加上高原反应，站着都气喘吁吁，休息了好久才缓过来，当晚就感冒咳嗽了。

尽管他吃了药，我还是担心了一整晚。幸运的是，第二天早上他就好得差不多了。

下午，小沐说松树下可能有蘑菇，便想去采摘。

我们朝山里走了很远，一路上满是叫不上名字的奇花异草。走进山林深处，一时分不清到底是我走进了林子，还是那些野花树木主动靠近我。

小沐说这些是杉树，也没有找到蘑菇，我们只好空手而归。

回到营地后，旁边来了新邻居，正在搭建帐篷。小沐看到他们的天幕搭得过高，便好心地建议他们搭矮一些，以免被风刮倒。没想到，刚说完没多久，就下起了瓢泼大雨，而且这场雨比前两天来得更早。我们只好躲进帐篷，小沐还想问问新邻居是否需要帮忙，可雨势太大，根本无法联系。一大早，小沐就跑去看新邻居的情况，回来告诉我他们一切都好。

小沐真的是个特别用心的人。每次露营结束，他都会主动捡起别人留下的垃圾，一并带出营地。我每天早上起床都要喝点热水，又不太会使用他的火炉，他便总是早早地把水烧好，放在我的帐篷边，还贴心地告诉我他去遛狗了。他总是泡茶端水给我，晚上还会把八宝粥罐头热好递给我。像他这样细心的男孩子，其实很少见了。

为了让我随时能喝到热水，他专门去买了热水瓶和烧水壶。他的这些举动让我很感动，也让我有点心疼他，特别希望能有机会为他做点什么。

两场暴雨过后，恶劣的天气让我们实在难以继续露营，于是决定先返回四川。小沐在成都租了一个月的公寓，签完合同后当天就住进去了，这样小沐在成都也算是有了一个临时的住处。

在成都，我介绍我的好朋友给他认识。小沐性格豁达开朗，大家都很喜欢他，还一起合影留念。

在成都，他每天都写文案、做视频。闲暇之余，我们也会去咖啡馆坐坐。我们都期待特殊时期早点过去，他能早点回家。毕竟"儿行千里母担忧"，他已经离开兰州很久了，而且他妈妈身体不太好，我们都担心她会过度牵挂。

这时，小沐在山东的朋友邀请他去玩。反正也没有特别要紧的事，他便决定去一趟山东。小沐离开后，我便承担起了照顾两只狗狗的责任，每天早中晚按时遛狗，只希望小沐能开开心心地去，平平安安地回。

事与愿违，小沐去山东的第五天，就发生了一些奇怪的事。他说的话让人摸不着头脑，精神状态不怎么稳定。晚上，我让他换个地方住，他便去两公里外重新找了住处。原本他计划从山东去辽宁看望另一个朋友，机票都买好了，最后却突然回到了成都。我去接他，他的样子和说话的语气都和平时截然不同，眼神空洞无神，一直盯着某个地方发呆。看到他这样，我的眼泪忍不住夺眶而出。曾经那个阳光开朗的青年，和我朝夕相处了两个月，如今却像变了一个人。

我意识到他肯定是受到了什么严重的刺激，精神出了问题。我立刻给他的小姨打电话，商量之后决定让他第二天坐飞机回兰州。那一晚，我彻夜未眠，实在不敢想象他到底经历了什么，遇到了什么事情。

第二天去机场的路上，他突然变得异常急躁，让我靠边停车。车刚停下，他打开车门跑了出去，我瞬间慌了神，四处寻找却不见他的踪影。后来，我顺着一个巷子找到了他，并把他带回了家。

当晚，他的家人赶到成都，我们一起带他去了医院。由于是晚上，很多检查无法进行，医生只开了一颗镇静的药，让他先安静下来。那一晚，他只睡了两个小时。第二天，我们挂了专家号，经过详细检查，小沐最终住进了成都市精神病医院。

小沐生病后受到了很多好心人的帮助，他在山东的朋友也跟我取得了联系。这场病来得太突然，后来才知道他可能因为太累，缺乏睡眠，再加上写文案过度用脑，所以才生病。好在小沐恢复得很好，也有很多人都在关心他。

因为医院是全封闭管理，他的爸爸、妈妈回兰州了。我就经常带着水果和牛奶去看望他，不过探视时间也很短。他恢复得很快，我只希望不要给他留下病根。

我从未想过自己会经历这么多个第一次。这次旅行给了我很多惊喜，也担心一个这么好的孩子得了病，该是多么残忍的一件事。希望他一切都好。

还能回到二十岁吗

昨天是星期日,我在"干大事群"里发信息给马顺和边雪:"我们去吃火锅吧!"

"我在成都开会,去不了。"边雪回了信息。

随即,我打电话给马顺:"雪雪说她在成都开会。今天下雪,我们去吃火锅吧!"

"好啊,那我收拾收拾。"

十一点过后,我开车出门,刚路过顺顺的工作单位,就想起了她的同事H,于是发条信息问问:"你今天空闲吗?中午跟马顺和小石榴一起去吃火锅啊!"

小石榴是顺顺的女儿。

"现在吗?"

"是,我就在你们学校门口。"

"太突然了,你等我洗个头。"

"好,不着急。你收拾好直接出来就行。"

见到H后,我告诉他他今天沾了边雪的光,因为边雪不在就空了位置给他。

"今天我请你们吃!"

"为什么?"我问。

"你们请了我好几次,该我来了。"

"不要不要,还是我来,你等下次吧。"

无论谁做东,朋友相聚总是高兴的。恰逢下雪,正适合吃火锅。

认识H,是因为上次伟子来兰州。应该是端午节吧,H在一家民谣酒吧存了酒,马顺说:"我的朋友存了酒,刚好可以带伟子去,我们一起去听歌。"

我这个人喝酒就会话多,而且我觉得在成年人的社交圈子里喝酒话多的人是不靠谱的,就像我。在不喝酒的情况下,对于不喜欢的人和事,我都会讲给身边的人,更何况喝了酒。我总会说:"这个人我不喜欢,那个人我不喜欢。"但是也无所谓,就算这些话传到他们耳朵里了,也不打紧,因为我本来也不期望与他们再产生什么交集。

"不在乎"是开心活着的制胜法宝。我坚信我在别人嘴里也不会全是好评,但是我听到这些话也就只是听听,什么事都不会太在意,哪怕别人说了我的坏话,下次见面我依旧不会给对方难堪,还是笑脸相迎。人与人的感觉和评判都是一时的,不是一世的。人都会片面地看问题、听故事、下结论,我也一样。不能说我的评判就是对一个人的论断,只是单纯地不喜欢或者对他们的做法不认同。

没有任何事情是绝对的,抛开自己,也没有任何一个人是极其重要的。大部分人都不会在意别人,多数人只关注自己。就像是看照片,如果跟别人合影,你的第一眼一定会把注意力放在自己的表情、穿着或姿势上,只在意自己在别人眼里的形象。但事实是,别人不会第一时间注意到你。

那次喝酒非常搞笑,我喝到兴起时话就多,在酒吧里跟伟子争吵,气得他下楼三次又转身上来。我生气是因为上一个辜负我的人是他认识十年的朋友,而且这件事并没有过去多久。伟子介绍我们认识，其实错也不在他，我只是想把一股怨气找个安放的地方。因为这件事，他最终跟那个人断了交往。

马顺和 H 坐在一边，听我吵起来也不敢劝我，只是两次下楼把伟子叫上来。

H 是美术老师，零零后。他有一辆摩托车，上次吃火锅见他骑着摩托车来，我还骑着他的小摩托拍了张帅照。我一直觉得骑摩托是一种非常酷的行为，但即便到了现在的年纪，我也没有放手去买一辆摩托车或者考个摩托车驾照。H 住在职工宿舍，他说经常和好朋友在周末的时候喝酒、弹吉他，说着就翻照片给我看。

吃火锅的地方很隐蔽。这家店开了好几年了，因为是清真的餐馆，所以最近跟顺顺聚餐，我们总约在那里。

餐馆在一个山沟里，具体点说是在白塔山公园侧面的山沟里。它的整体装修呈白色，非常公主风。我感觉光顾他家的客人大都是为了拍照打卡的年轻女性。

因为顺顺带着小石榴，我们就不能坐在户外了，所以我们选择了包间。

虽然我喜欢吃火锅，但是每次只吃不辣的锅，点得最多的就是番茄锅底。我一吃辣锅就会闹肚子，这也是没有办法的事情，因此他们总说我这样吃火锅到底有什么乐趣。

我只有两个目的，一是跟他们见面，二是吃火锅可以吃到很多品种的蔬菜。这样我就很高兴，自从我决定不吃肉以后，火锅就成了我下馆子的首选。

H 虽然刚毕业一年多，但是对于易学还是有点研究的，我们上次聊天时提到了一些，昨天没有想起来再聊也有些遗憾，只能下次见面再提了。

我们吃完饭,顺顺说要带小石榴回家,但是要先回单位把车开出来,否则周一早上上班就会很不方便。

"H,那你去哪里?"

"你把我随便放在路边就好。这会儿还早,我出去逛一圈,晚上还要去 Livehouse(室内演出场所)看一个摇滚乐队的演出。"

"这样啊,我也不想这么早回去,不如我们去皋兰山飞无人机吧!"

"好啊,那我们一起。"

"我回去把无人机拿上,刚好穿条秋裤,今天真的好冷!"

"对,我也换条厚裤子。"

前天夜里突然下起了雪,兰州降温降得很厉害。等收拾好一切,我拿上户外电源,背着无人机包就出门了。接到 H,我们就去往皋兰山。

车到半路,过了伏龙坪要爬坡上山了,交警拦住了我的车。"前面封路了,你们掉头回去吧。"

这下要去哪里?一点准备都没有。

"要不我送你去你要去的地方?"我问他。

"这会儿还很早,那个表演在晚上八点才开始,提前半小时到就行。"

"要不就去黄河边飞吧?你去过最早的那个水车博览园吗?就是小西湖公园旁边的那个。"

"嗯,我也没去过,那就走吧。"

到了地方停好车,背着无人机包,我们穿过一家茶园,径直来到了河边。

"你的这款无人机要戴眼镜吗？"

"是啊，是FPV穿越机，调到手动模式上能达到每小时120公里。"

我确实有炫耀它的意思，因为我很喜欢这款无人机，尤其是它的速度和拍摄视角，虽然我不太会操作。

"那我操作不了，因为我的一只眼睛弱视很严重，基本上看不见，从小就这样。"

"没关系，你操作一下，先体验体验，不行再说。"

这会儿下着雪，黄河边的冷风呼呼地吹。我们还是坚持着把无人机飞上了天。

"手好冷，来，你试试。"我把飞行眼镜摘下来戴在他头上。刚开始，他用着确实不怎么顺手，尝试了半天，后来稍微顺手了一点。

"还是你来，我感觉自己头晕。"短暂体验后，他把无人机的操作权又交给了我。

操作了半天，我才发现我们来的地方是限飞区域，方圆飞不出50米，高度也起不来，再加上冷风呼呼地吹，就把无人机收了回来。

"等下次天气好，我们再出来吧！"我一边收拾无人机配件，一边回头望向H。

"还有点时间，我请你去喝茶。"

"好啊。晚上你去看的演出几点结束？"

"九点半左右就结束了。"

"要不带上我？需要买票吗？"

"你要去吗？哈哈，太好了，我来给你买票。"

"我自己来买！"我很坚定地告诉H。

"我去闲鱼买，你不用操心这件事。"

他在闲鱼看了半天，有一张在转让的门票，需要 80 元。在这个过程中，我们把无人机放在车上，返回茶园，找了个靠近河边的位置坐下来。

这时天色渐暗，西边的山脊上略微有些墨蓝色的光。透明的塑料帐篷将茶桌一个个罩起来。我们点了一份罐罐茶。飘下的雪花落在帐篷上，遮住些视线。H 伸出手，弹了弹帐篷，成片的雪块滑落，露出对面山头的草圣阁。草圣阁坐落在九州台的碑林博物馆里，夜晚有金黄色的霓虹打在上面，像是发光的金色首饰。我望着它，一时陷入了沉寂。过了一会儿，我回过头问 H："我能抽支烟吗？你会不会介意？"

"你抽吧，我把帐篷的门打开点。"说着，H 去弄那个拉链。

罐罐茶端上来，一盘枣子，一盘春尖，还有冰糖和枸杞。也许因为枸杞是甘宁地区的特产，所以无论是三炮台还是罐罐茶，在兰州都会往茶里加一点，但我觉得没多大必要，也没什么特别的味道，唯一的作用就是为焦红的茶水添一点颜色。

"你平时抽烟多吗？"H 问我。

"不多，我平时一周抽两次吧，每次两三根。你不抽吗？"

"我不抽，我还在看票，让这个人给我便宜点。"

"是，还有一个多小时就开始了，这会儿应该便宜点把票出了。"

"我跟他说别砸在手里，他就不理我了，是不是我说得有点过分？我给你看看这个乐队，叫'石岩'。"

H 说着就打开这个乐队的抖音账号给我看。我接过他的手机，点开一个视频，看了十几秒。

"太吵了，要不你去吧！"

"去体验一下嘛，感受感受氛围！"他的语气有点坚定。

"还是别买了，我现在是老年人，听歌都听没有歌词的，听摇滚还是有些烦躁。我说去，是觉得等会儿就一起回了，反正两个小时，我去看场电影也好。"

本来我是可以提前走的，但是在他去看演出的时间把他一个人丢下，不如等等他一起回去。我回家也是一个人，除了面对毛毛，也就是书和手机了。

"走呗，我还在跟他讨论价格，还有其他人也在出票。"

"如果买不到就不要强求了。我一直想去看志愿军题材的那部电影，刚好可以去。"

"你不用管了，我来处理。"

他似乎没有在听我说话，继续忙着给我买二手票。

"这个枣子很好吃，是临泽小枣，我们甘肃的特产，你尝尝。"我拿起枣子塞进他的手里，"别看票了！"

他没有理我，我夹起两个枣子在电炉盘上烤了烤。"这个枣子好，我去买一盘，放在口袋里当零食。"随后，我就去找店家。

"买了两份，总共 10 元。"

"还成，不贵。"

我再没有开口说买票的事。时间过得很快，一个半小时一会儿就过去了，茶煮了五泡。

"小时候，我爷爷经常给我煮这个罐罐茶。那时候我生活在农村，跟爷爷一起住。"

"是啊，这就是你们那儿的喝茶方式。可惜这个茶罐拿起来不顺手，茶壶把手做得太高了，正手反手都不舒服。"

"好像是这样。我们差不多该走了,现在已经七点多了。"

"好,走,检查下桌上的东西。"

每次离开桌面,我都会做最后一件事,就是回头检查。因为我知道自己是个丢三落四的人,很容易把手机倒扣在桌面上忘记拿,毕竟现在的手机卖价都不便宜。

"你的矿泉水,还有纸巾!" H 确实落下了东西。

"票买不到就买不到,没关系。"

他拿手机设置好了导航放在我的手机支架上。"等会儿再看,越到开场前票越便宜!"

也好。车一直在滨河路上行驶,向西走了不到五分钟,就到了一个创业产业园门口。

"就停在这里吧!你先下车。"停好车,我们向前步行了 30 米,拐进一个铁门。

"这家 Livehouse 是不是以前在静宁路的'葵'?"我问他。

"是一个老板。我们稍微等会儿,我有两个朋友也要来。"

"嗯,好。"说着,我又掏出烟来,准备给自己点上。似乎冬天在户外来上一支烟,混合着嘴里哈出来的雾气,使人格外心静。这种感觉很特别,似乎是经常出现在电影里的场景。

"买到票了,50 元!你这会儿抽了好几支烟了。"

"这么便宜?太幸运了!"

"我自己买的都要 100 元,下次到了跟前再买,不过有时候票紧缺也不容易买到。"

"是这样。"我俩站了没一会儿,H 的朋友来到我们跟前,递了根粗支的香烟给我。"我还想着给你烟,倒是被你抢先了!"我又回归到了男人们打开局面的传统方式——递烟。

"这个烟怎么辣舌头？这是什么烟？"

"黄鹤楼。哈哈，这个烟就是硬一点，你平时抽的可能比较软。"

"应该是，有点不习惯。我去这个产业园逛一逛，你俩聊着，等开场我就过来了。"我说着就转身走向巷道另一头。

"好，你去吧，我还有个朋友从西宁坐车过来，我等他一会儿。"

巷道左手边是个篮球馆。我望了一眼，大概有十个人在里面打篮球。再往前走有家咖啡馆，门口停了辆很帅气的摩托，店员坐在沙发上望着窗外。这时，雪已经停了，寒气在脸颊擦过。买杯咖啡吧，想想还是算了，这个时间喝下去恐怕要失眠。继续往前走，向左转有茶馆、青年之家、火锅店、烧烤店。有些店已经打烊，烧烤店却灯火通明，依旧迎接着零零散散的客人。绕了个大圈，准备回去了，手机响起，看着是H打来的语音，我挂断电话没有接，回了条信息："就来了。"

我从远处看到H的朋友已经到了。"他们要先把票兑了，我们等一会儿。本来是我一个人来，现在成了一个团体。"

进门验票。台下挤满了年轻人，看来比我岁数大的观众凤毛麟角。我很久没有来这样的场合了。第一次光顾"葵"是在2007年，我的大学同乡带我去的。以前"葵"还是个酒吧，卖鸡尾酒，有歌手表演。今年年初的时候还在营业，突然就关门了，对很多人来说也许真的有遗憾吧。

我上了二楼看台，找了个靠最后的台阶站上去，还不错，视野挺好。去楼下叫H上来看，他站在我旁边，举起手机，说："来张合影！"

对男生来说，合影不需要摆任何Pose（姿势），也不需要美颜，只需要记录下此刻就好了。熟悉的剪刀手,对方要是用了,那我来个大拇指点赞。

昏暗的舞台光线打在脸上,伴随着摇滚的律动。舞台的烟雾弥散在空气中,还好这里不让吸烟。虽然我偶尔会来两根,但是我受不了烟味,尤其是别人身上散发出来的。

"这个乐队是今年火起来的,女孩很厉害,又是键盘手又是贝斯手。很多人来这里并不是因为有多喜欢这个乐队,大多数人都把Livehouse当成消遣、排解焦虑、放松身心的地方。"H边看演出边给我介绍着。

看了一个小时左右,我感觉有点喘不上气,这里似乎通风不太好,到了冬天连空调也不开。

"我出去转转,有点闷。"

"好。"

我出了门,沿着滨河路走了一会儿,坐在车上听歌,又给伟子打了一个小时的电话。

"你还胃疼吗?"

"我约了胃镜,下周去看。"伟子说他可能是因为着凉,吸了凉气,所以才会这样。

"你先来点藿香正气水试试。昨天说要吃点香砂养胃丸,你买了没有?"

"已经吃了,今天稍微好点了。"

打完电话,我给H发了条信息:"我在车上等你们,就在路边,出铁门就看到了。"

等H出来,我们带着他其中一个朋友往回走。

"我们去吃个烤肉吧！"H提议。

"我不吃肉，你忘了啊？不过你要想吃的话，我陪你们坐一会儿，等到了再说。"

一路聊了些教育理念，聊了些传统文化，我一直说个不停。快下车时，H说："你说的这些给了我很多启发，我还想再聊一会儿。"

"还去吃吗？"我问道。

"你也吃不了，还是算了，明早七点我还要带着孩子们早读，算了，早点回去吧。"

"你现在是班主任吗？"

"嗯，是的。"

"那你早点回去，下周末有时间我们喝点。"

"也好，下次要好好聊聊。"

到家停好车，我背着无人机包上楼。手机微信里弹出了H的信息："回去了吗？"

"嗯，你早点休息。"我又拍了张毛毛站在门口的照片给他，意思是：我要去遛它了。

"你没吃饭，记得去吃饭。"

"我是老年人，不能吃太多。"

"好吧，那早点休息。"

"好。"

简单的问候，简单的关心，简单的一天，简单的交集，简单的聚会，简单的关系，温暖且安心。

你有人生的至暗时刻吗

你现在问我这个问题,恐怕我不会觉得过去的事对现在的我有什么影响。就好像我上一年级的时候,跟同班的男生在厕所里比谁尿得远,一憋劲竟然将屎拉在裤裆里。也不敢跟老师请假回家换裤子,就硬撑到放学,当时觉得天都快塌了。

上四年级时明明没有完成家庭作业,被老师发现请家长的时候,带给我的恐惧感也能算上一件。

有一次肚子痛,痛到快要晕厥,在医院折腾了大半夜,当时觉得这也是自己过不去的坎儿。还有拉完肚子突然站起来,脑部缺血晕倒,一头撞在墙上,大小便失禁……

这些算不算至暗时刻?现在看起来都不算,还有点好笑。当时虽然有恐惧、担心,但是都不重要。

至暗时刻……让我想想,大概就是我与恋人分开的时刻吧。分开后,我都会一个人躲起来,默默擦掉泪水。

我抛弃过别人,也被别人抛弃过,原因都不一样。我十八岁的时候遇到了第一个恋人,Z比我年长,有一份稳定的工作。高三毕业时,我们在游泳馆相识,那时候也只有周末才能见到。因为Z在另外一座城市工作,所以我们见面的机会很少。后来我去南京上学,用攒了一年的生活费给Z买了一部摩托罗拉的手机。

直到大二那年的国庆节,Z说要去北京出差,想跟我一起去北戴河,我买了张去北京的火车票就去赴约了。这是我们最后在一起的旅行,十月的北戴河下着毛毛细雨,阴沉的天投射在平静的暗灰色海面上。

见面的时候,Z回赠我一台三星的蓝调系列相机。Z结婚了。上千公里的行程只化成了不到四个小时的会面,以仓促分别告终。这段故事是深埋了很久的往事,我依稀记得北戴河海边湿滑的地面,还有大坡上的海鲜饭店。

整个旅程短暂而压抑,分开的时候,我说以后不要再见面了,Z说还可以做朋友。虽然我收到了无数的电话、QQ信息,但我还是坚持自己的决定,不再回复。

过了半年,Z来南京找我,我决定去见一面。我与Z的同学一起吃了饭。我不愿参加这种饭局,趁着吃饭的空隙出去买了块桂花糕。桂花糕的旁边是一个卖毛蛋的小摊儿,这也是我第一次见到没有完全破壳的小鸡。

那次见面也就短短五六个小时。上学时,我们外出要批假,周末也很难在外面过夜,必须返校,所以就匆匆分别了。就这样,我与Z又有了联系,就当个认识的人吧。直到五六年后的一天,Z的好友突然联系我,电话里告诉我Z病得很严重,想要见我一面。我很痛快地答应了。

Z的皮肤都是下垂的,看上去状态很不好。但我又能做什么呢?Z的好友送我下楼时告诉我,Z总是提起我,她说她很爱我。我说:"我不希望Z放弃家庭,只希望她能好好活着。"当时的态度是决绝的。

这一天,我边走边哭。为什么要让我遇到Z?不会有任何人来安慰我,不会有任何人能来询问我心里的苦闷。我不想跟任何人提起这个故事。

如今听说Z离婚了，只是那个通知我Z住院的人已离开人世，听说是得了淋巴癌。

这件事过去有二十年了，可是每每遇到恋情，我都会止不住地流眼泪。现实给我的重锤最终化为我一个人面对生活的力量，可内心还是有期待吧。希望此刻我就能断绝这种期待。

我恨自己摆脱不了情爱的束缚，怀疑过自己不配爱上别人。美好只是暂时的，最终都会面临分别。有时是期待太高，有时是被抛弃，所以现在见到喜欢的人，我也不想再说出来了，不会再多表达一分好感。

因为害怕受伤，我在这方面胆子愈发地小起来，可能已经触发了自我保护机制。我只想关注自己过得开心不开心，不想在感情的旋涡里纠结。不能说是谁的错，只是我想更多爱自己一点。

爱自己是一件很重要的事。我不喜欢逛街，但我会用闲暇时间学着做几块月饼，或者酿一坛米酒、买回来各种各样的杯子把玩、带上各种户外装备去野外吃顿火锅，或者干脆找个没人的地方住下来，享受离开城市彻底安静下来的世界。点上一盏露营灯，放下手机，翻开书本。偶尔回一趟爸妈家，周末找朋友聚一聚，喝上点小酒，煮一杯奶茶。

年轻的时候，我总以为有一个爱人陪伴，我这一生的任务就完成了，我甚至都不把赚钱养活自己作为一项重要任务，总觉得背后有很多人会支持自己。

可是事实并不是这样，我身后站着的只有爸妈，他们也在逐渐老去，他们的白发已经布满。我很庆幸他们没有给我任何生活上的压力，我也很懊恼人到中年竟然还期待周围的事物会一成不变。

有时候，我觉得自己很糟糕，学习不好，性格又孤僻，也不配拥有别人的爱，可是又不甘于现状，在职场上总是比上不足，心高气傲。

这样的我错了吗？不会错，我确定自己没有错，只是缺少改变自己的能力。这些改变要从细处一点一点地来。比如学习一下中国的十大名茶、把衣服上的狗毛粘干净再出门、买一个手机挂件讨自己开心、做一碗酸奶避开市面上的添加剂、去我爸的菜园里摘点青菜、带着毛毛去遛弯……

坐下来翻开《西游记》，津津有味地对照着连续剧再看一遍，找出电视剧落下的细节，看看导演是怎么还原名著的。我想弄明白，《西游记》里的神仙到底是在帮唐僧，还是在帮孙悟空？孙悟空是怎么积攒下这么多天宫各路神仙的人脉的？很多问题，我都想好好学习一下。

唐僧、孙悟空、猪八戒、沙僧还有白龙马，师徒几人做了件常人很难完成的事，历经很多劫难，其中情爱也是劫难，那么他们会觉得痛苦吗？情劫是取经路上的绊脚石还是垫脚石？

我想让这些痛苦、劫难、孤单都成为人生路上的垫脚石！一定要取到人生快乐的真经，那些不切实际的期待都是水中捞月，被什么吸引就会被什么牵绊……

或许有一天我会生病，我妈说总得有人给我端茶倒水吧。我就告诉她，我会把身体弄好不要生病，我也不想再进医院，我就自然而然地活到老天爷不让我活下去的那一天。我现在时不时地锻炼身体，让自己变得健康、坚强。

不畏惧未来，不焦虑现在。慢慢地欣赏生命带给我的空气和水、家人和宠物、阳光和四季……

第三章

Chapter 03

向上，向前，
慢慢走……

十几岁的时候，我总盼着自己快点长大，早点摆脱学校、家庭的约束。二十几岁的时候，我就从理想的巅峰上向下滑坡。工作不顺利、爱情不顺利，现在看来这不就是常态吗？

要慢慢走，这是我能跟比我年纪小的弟弟妹妹们说的。要有人生的奋斗方向，要早点定下来，虽然在走的时候会遇到岔路口。我们一辈子能做成一件事情，就已经很了不起了，不要想着什么都要。要慢！要慢！要慢！重要的事情说三遍，事缓则圆。

找到自己的节奏，不要被周边的环境和声音带着跑。看到自己喜欢的人，一股脑地冲上去，会让对方退缩；遇到相互喜欢的人，马上确定关系，就失去了互相接触和了解的时机；遇到新的工作，一开始就投入200%的热情，这样很难在失败中爬起来……一切的一切都告诉我们：要细细品味人生，要旁观自己的人生，要放缓自己的人生。很多事情在交给时间的同时，也要先问问别人的意见。

找老师，这是非常重要的一件事。如果要赚钱，不要一开始就想着自己摸索。有幸遇到好的老板肯带你，或者把你放在重要的岗位上，这就是对你的教授。如果想在学术上有成就，就要找到好的导师。那些不吝赐教的老师，会给你很多指导。如果想在技术上有突破，就要学艺……各行各业，无外乎如此。

如果想有更高的成就，请记住一句话："圣人无常师。"任何人都可以成为你的老师。"人非生而知之者，孰能无惑？""古之学者必有师。"这些语句出自《师说》，《师说》是中学时的课文。

直到最近，我才意识到我欠缺了什么。时代给了我们很多新的发展和机遇，同时也给了我们很多盲目的自信。比如在鼓励创新的同时，我们不能忘记传承；在鼓励消费的同时，我们不能忘记勤俭节约；在鼓励灵活机敏的同时，我们不能忘记朴实诚恳。

犹记得刚毕业时，我是个不可一世的毛头小子，脑袋里装得最多的事情是创业。经验是所有生命和种群存在的必要因素，我们不能否定前人留下的思想、技术和对生命的感受。在此基础上找到自己的方向，为此而努力，为此而坚持，就会有成果。

我也是个"剁手党"，总是因为有优惠券而下单，以至于买了很多自己并不需要或者并不常用的东西，所以今年夏天我在收拾屋子的时候丢掉了很多，其中也包括一些只穿过一次的衣服。我现在有个办法，就是把看到的东西先收藏起来，过几天如果忘了，说明这个东西没有必要买。如果能想起来，而且想买，再等一个星期看看，这样至少会少买60%自己想下单的东西。

慢下来，潜心到自己的领域里。让欣赏你且志同道合的人发现你、看到你、喜欢你。这不是讨好，而是天然地吸引和靠近。

成长的过程是缓慢的，不会一蹴而就。同样，命运也不会一直眷顾你。春生、夏长、秋收、冬藏，这是四季的规律，也是人成长的过程。

> 我们要靠近自己喜欢的人，聆听他们内心的声音，学习他们做事的方法，最好让他们成为你的朋友。而这并不

是关键，关键在于你自己要足够优秀。朋友之间不是攀附，而是靠近。

英雄之花——木棉，也叫攀枝花，四川省攀枝花市就以木棉来命名。叫它木棉，是因为其果实成熟后会生出棉状的纤维，可以用来织布；叫它"英雄之花"，是因为海南黎族的一段英雄故事。木棉是海南人的精神寄托，也是海南黎锦的主要原材料。木棉树冠高大，也是广州市的市花。

七月，我在北京通过延山认识了多嘉，她是去厦门打拼的兰州女孩，我们一见如故。那天是延山叫我去参加他的一个活动，回到兰州就收到了多嘉从厦门寄来的礼物，一个车上的香水挂件，主体是一枝攀枝花。

对于朋友，对于爱人，对于家人，我们都不要做攀缘的凌霄花，要做木棉。看着对方伟岸的身躯，开出火炬一样的花朵，为对方照亮前方的路。

梦中的"香雪海"

初识邓明老师是因为要给《大河两岸 岁月兰州》的初稿纠错，我不是学历史出身的人，所以对于一本以历史为基础的书稿并没有很大信心。当时在参观兰大二院内的"至公堂"展馆时，我有幸结识了贾守雄老师，并请他引荐邓明老师。

时间大概是在四月底，邓老师拿到书稿后，很爽快地答应了。第一次见面，感觉他是个很严肃的老头儿。书房里的书架通到了天花板，倚靠着两面墙，上面摆满了书，就连地上堆积的书，高度也达到了我的腰身。

"邓老师，如果可以，您能帮我写篇序言吗？"

"我先看看！"

严肃的话语让我不敢再多言，临走时还请贾老师帮我们合影，还没到家我就激动地发了朋友圈。我记得第二天就收到了邓老师的回复，他会在"五一"假期帮我审稿，并为我撰写序文。

邓老师大概用了三天时间就做完了书稿的批注和修改，并要求我重写两篇文章。我拿到书稿大概翻阅了一下，上面密密麻麻地写满了批注，就连标点符号都用红笔给我改出来了。我从未想到自己花了四个月认真研写的文稿竟然有这么多错处。后来修改完，老爷子又帮我修订了两次。

等到书正式出版了，他帮我找到《兰州日报》的编辑王欢，在报纸上刊登了《大河两岸 岁月兰州》的序言。还有一次观澜新闻给他做专访，他还在最后专门提到了我和《大河两岸 岁月兰州》。邓老师给了我莫大的帮助，我感激不尽。以前，我从没想过我能和一个老爷子成为朋友，并且我发给他的信息他基本上都是秒回。

到了八月，我又要麻烦他。

"邓老师，26日早上，我要在新华书店举办的兰州书展上做新书签售活动，您可否到场？我们做一次对谈。"

"好。"

"那我早上九点一刻来接您，活动是十点开始。"

"好。"

他说话从来不客套，言简意赅，所以我很喜欢这位老人。也许他对所有人都这样，可我还是希望我在他眼里跟别人不一样。

做好海报，我发给他看。

"能不能把'著名史志专家、《兰州市志》副主编'改成'甘肃省人民政府文史研究馆馆员、史志工作者'？"

此刻，我才真切地感受到他是一个踏踏实实做学问，并不靠炒作获得社会身份的学者。

不过，活动当天，新华书店的老师还是把主持人介绍邓老师的台词给我看：邓明，著名史志专家，曾任兰州市地方志办公室副主任，《兰州市志》副主编。甘肃省第二次全国地名普查专家咨询会成员兼秘书长，甘肃诗词学会副会长，兰州历史文化研究开发领导小组学术顾问，兰州市非物质文化遗产保护工程专家委员会委员，兰州市地名区划学会副会长……

此时，我还是片刻犹豫了一下，要不要做这样的介绍。说吧，安心做学问的人，很多时候是不被大众熟知的，的确需要一些头衔来向大众宣告他们的社会身份。

后来，要写第二本书了，我又给邓老师发信息相约见面，他还是欣然答应了。

"邓老师，明天天气冷，您多穿点衣服，有可能要下雨。早上十点，我来接您可否？"

"我们去哪里？"

"去兰山吧，您看可以吗？"

"好的，但是昨天雨下得大，有可能不安全，容易滑坡。"

"我们走大路上去，如果路况不好，我们就返程。"

那天，我准时到邓老师家门外等他。接到他后，他坐在了后排。

"你的书卖得怎么样了？"

"也就4000来册吧。"

"嗯，很好了，慢慢来。"

"才几千册。我还是觉得现在卖书很难，不过有些书销量还是很好的，一出版就能卖好几十万册。我现在想看看能不能在各个书店多铺货。"

"不要着急，慢慢来。你的第二本书要写点什么呢？"

"我想讲讲我朋友的故事，说说他们是如何工作、如何生活的，也想告诉大家我是怎么交朋友的。我想写一本更适合大众阅读的书籍。《大河两岸 岁月兰州》也许知识性太强，再加上有地域限制，销售不会那么理想。"

"是的，营销确实是一门学问。这里过去就是伏龙坪的头墩……"邓老师说着就开始给我讲解起窗外路过的风景，我们一路聊了很多，有历史、政治、人文。在上山的路上，果真有山体被雨水冲垮，挡住半边路面，车辆都在缓慢行驶。

马上要上三台阁的岔路了，邓老师说："我们不去头营子吗？"皋兰山上有头营子、二营子、三营子，这些都是对村庄的叫法，一般是指以前驻扎过部队的地方。三营子就在兰州营盘岭附近，解放兰州时的营盘岭战役所在地。

"不是的，我们在前面就左转了。那里有一家我常去的农家乐。"

到了地方，老爷子先下车。前夜下了大雨，将山上的泥沙冲到道路上，农家乐的工作人员正在清理路面。

"邓老师，您先找个地方坐下，我去停车。"

兰州的黄土是一个很麻烦的存在，这是一种湿陷性黄土，每次下雨就容易随着雨水流失，很多铺好的柏油路面如果遇到雨水多的情况，就容易塌陷。

进了园子，邓老师找了一处僻静的包间。因为下过雨，在雾气的掩映下，脚下的兰州城格外入画，古八景中的"兰山烟雨"跃然眼前。坐定后，我们点了两杯茶水还有一碟瓜子。

"邓老师，您是兰州人吗？"

"我出生在兰州，籍贯在青海。我的曾祖父、祖父都出生在循化。"

"为什么您在给我写序的时候会用'梦梨花山馆'这个书斋名？微信名用'梦里梨花馆'？"

"兰州八景之一的'梨苑花光'，那个地方就是上沟、下沟、柏道路、中林路一带，以前是大片的梨园，我小时候就生活在那里，现在经常梦到小时候在梨园里的场景。"

"这不就是我们面前的这道沟吗？"

"是的。南面的高处叫上沟,北面的低处叫下沟,两沟之间由傅家巷贯通。"

"我们点菜吗?"

"这会儿还早,等会儿吧。'沟'就是水渠、沟沿,沟水引自阿干河,分为东西两渠——从龙尾山麓这边过来叫东沟沿,靠西边华林山麓的那条沟叫作西沟沿。东沟沿绕过太清宫(今新桥小学),流经马家坡子,从那边转过来就到上沟了,支渠可流到下沟。二十世纪五六十年代,我家就住在下沟果园子,周边都是梨园、花园。梨树多为老梨树,高大挺拔,枝干盘曲插天。暮春时节,梨树开花,银光灿烂,暗吐清香。从龙尾山麓的梨花馆、上帝庙、三光殿朝下看,就是一片'香雪海'。西起上沟、下沟,朝东延伸到柏道路、南林路、徐家巷、公园路(今正宁路)、中林路、鼓楼巷、颜家沟,都是银白色的梨花,春风过处,银浪翻滚,十分壮观。贡举人士和新学校出身的文化人,都喜欢登临龙尾山麓的梨花馆观赏梨花,饮酒赋诗,这在旧志及当年的报刊中都可查到。初秋时节,长把梨、酥木梨、冬果梨、吊蛋梨等,次第成熟,为瓜果城市增光添彩。到了晚秋,果树叶子都红了,大片的红叶好像团团烈火,文人又登临梨花馆,欣赏红叶,依然是饮酒赋诗。我小时候上的是西北新村幼儿园,由家长接送,从梨园出入。之后上上沟小学,也从梨园中穿过。现在这些梨园都消失了,只能在梦中出现。"

邓老师喝了口茶,继续说道:"抗战前,西北新村一带为坟地,称萧家坪,是明肃王萧妃的脂粉地,旱地收成充作萧妃的化妆费。这一带古墓很多,西面为兰州府城隍行宫。1925年,甘肃省住建厅厅长杨慕时以工代赈,植树造林,营建了著名的中山林。1935年,西北公路局入驻行宫。抗战时，沦陷区机关、民众大量移居兰州，城里无处安置，就在中山林开发新村，建平房予以安置，于是第一新村、西北新村、力行新村在人造林中崛起。西北公路局的子弟就在扶轮幼儿园（今西北新村幼儿园）、扶轮小学（今西北新村小学）上学。我上的叫上沟小学，设在朱家庙内，它是肃王的家庙。茶有点凉了，看看能不能把那个门关上。"

"好的。您多喝点热水，身子就会感觉热乎点。"

我起身去把木门半掩住，想了想还是走到门外，叫服务员过来点菜。回到座位上，继续听老爷子给我讲故事。

"上小学的时候，星期天和同学们登龙尾山玩。那时候山上的沙葱很多，我们都会采一些。这个沟口上都是。"邓老师说着就指给我看，"那时候一到暑假，就跟大娃娃们登皋兰山三台阁，挖洋芋，累得气喘吁吁的。大娃娃们都上中学了。我们还用藏刀挖出锅灶。你知道不？"

"不知道。"我听得入了迷，配合着摇了摇头。

"就着土坎，垂直往下挖口小膛大的坑，再从正面下方挖通灶口，把土块码到上面，呈穹窿形，将沿路拾来的干柴、干草等塞入灶口，点火燃烧，直到把土块烧红后，从灶口把洋芋扔进去。我们又一顿跺脚，把土块踏下去，再覆盖一层黄土。做完这些，我们就开始打'胡墼（jī）杖'了，也就是拿土块打仗。兰州话把土块叫作'胡墼'。"

"这个'胡墼'的'墼'怎么写？"

他给我描述了半天，我还是不太懂。这是我第一次听到这个词，就默默地在自己的小本子上先记下了拼音。写作的时候，我拿出《现代汉语词典》翻看，找到了"墼"这个字。

"等到覆盖的黄土热了,就把土堆扒开。洋芋热腾腾的,相当沙,加上蒿草的那股清香,很好吃。"

"我看您前几天在朋友圈发的不就是洋芋吗?"

"嗯,是的,不过那个是煮出来的。等到大家都吃完了,也都渴了,我们就顺着山坡下山,进入五泉山,在东龙口,或者是西龙口,用手掬着瀑布泉,尽情喝一通,就回家了。以前小西湖桥与雷坛河桥之间的黄河沿岸叫骚牛泉子,河滩边是木厂,码着许多原木,那是从黄河上游原始森林中采伐的松树、云杉等。工人把原木扎成木筏,顺流而下,停泊在骚牛泉子,又拆筏,运木上岸,供建房、打家具之用。快到小西湖桥,岔河以北有个滩,岔河水比较浅,也比较平缓。那时候放暑假,我们经常蹚河而过,也在岔河游泳。四年级时,我们十几个同学去游泳,有一个比我们大几岁的姓朱的同学在前面领路过河,我们就把衣服、鞋子都脱掉,顶在头上跟在他后面过河。他边蹚水边说,'我到宁夏吃大米去呢!'快到滩边时,啪嗒一声,人不见了,可能是陷入脚下的深坑,又被冲入滩边停泊的五六个木筏之下,然后卷入大河的激浪中了。后来,人们在什川镇找到了他的尸体,有一个耳朵都被刮掉了。这就是我小时候的生活。有一句话说'上山掏鸟,下河洗澡',在我小的时候,雷坛河的水量很大,后来农田灌溉量大,又挖深井,导致地下水取得太多,所以现在水量小了。以前这边山上还有一种黄老鼠,现在都不多见了。我上中学的时候是在十六中,现在的民族中学。后来插队去了庆阳,在林场里待了十年,搞林业建设。我是1968年12月下的乡。"

"您具体做些什么工作呢?"

"修水平梯田、反坡梯田,剩下的就是栽树了。时间充裕的时候还锄草，另外就是开荒种地。我们会种些洋芋、小麦、荞麦，还有糜子，就是黄米这些。"

"我一直分不清谷子和糜子，它们是一回事吗？"

"糜子的穗子是分散的，而谷子就像一根尾巴。糜子很黏（rán，兰州地方发音），像糯米一样，可以用来做热腾腾的油糕，酿黄酒的时候也用糜子。陕北也是这样做的，因为两省挨着，地方风俗差不多。"

"我都没见过长在地里的糜子，但是我见过黄米，现在才知道它就是糜子。"

"川里运用套种技术：一溜子玉米，一溜子黄豆，或者是黑豆和番瓜。一是为了肥地，二是为了高效利用土地。到了深秋，番瓜老了，就把番瓜采收到田边，切开，掏出瓜瓤埋在土坑里。等瓜瓤腐烂，在小河中冲洗出白瓜子，晾干后卖给供销社。黄豆和黑豆就都扒拉下来，打碾晒干后入库，作为耕牛的精饲料。最后就是揽荞麦了。种荞麦的日子短，大概五十多天荞麦就熟了，有时候雨不够，如果其他作物长不起来，荞麦就可以做个补充。荞麦开的花是红色的，植株也高得很。还有就是种麻。"

"是织衣服用的麻吗？"

"不是，是搓麻绳用的。它的籽就是麻籽，可以榨油。我们还种西瓜，放羊、放牛。早上把牛套上去地里干活儿，中午十二点多把牛卸下来，赶到山沟里去吃草，晚上再赶回来。"

"牛到了晚上不是会自己回家吗？"

"还是得看着，要不然就跑到地里把庄稼吃了。川里温度低，不能种小麦，小麦要种到山上去。牛圈和羊圈盖在庄稼旁边，便于把牛粪和羊粪拉上架子车运到地里施肥。有时也要用挑担，担上两个筐，把从圈里铲出来的羊粪担到地里去,然后在羊圈里垫上一层土,保持羊圈的干燥。羊圈靠着山崖旁边,山崖下有个简易的窑洞,下了雨就把羊赶进去。那时候,我待的林场是一片次生林,有杨树、桦树,还有灌木。到了秋天,我们把杏子从树上打下来让羊吃,因为羊是反刍动物,夜里就会把吃进去的杏核吐出来。我们捡了杏核就拿来榨杏仁油。"

"杏仁也能拿来榨油吗?我倒是第一次听说。"

"还有文冠果,也可以用来榨油。"

"文冠果是不是白塔山上的那个?"

"是的。到了春天,牛要春耕,羊也要上膘,我们就要灌牛羊、灌骡马。就是把自己酿的蜂蜜,还有自己榨的胡麻油,再加上豆腐脑,搅和在一起,把一个牛角形的灌药器插进家畜的嘴里,将这些混合物灌到它们的肚子里。"

"家畜自己不会吃吗?"

"它们自己不会吃。主要是把有营养的食物给它们吃上,这样干活儿才有力气,因为冬天吃的干草都没有什么营养。"

"你们还养蜜蜂啊?"

"那里乔木、灌木多,有酸刺,还有各种野花。我们都用土办法养土蜜蜂。在两个窑洞中间,挖一个小小的给蜜蜂用的'窑洞',把蜂巢放进去。在枯树上面,找到野蜂的第二个蜂王,放进小'窑洞'里,慢慢地它们自己就把蜂巢建好了。放进小'窑洞'里,主要是为了避雨,也为了让蜜蜂在冬天能安全过冬。那时候取蜂蜜也是用土办法,不像现在可以拿工具把蜜甩出来。我们都是把一片一片的蜂巢放进锅里煮,用纱布把杂质过滤出来,再把蜜水里的水分熬出去。我插队的地方雨水相当多，秋天就是连阴雨，一下就是十几天。柴草都被打湿了，烧不上火，很多时候连饭都做不上。冬天睡的是热炕，用苞谷秆子或者羊粪填炕。夏天蚊子多，还有蠓虫，一过来就是黑漆漆的一片，穿的裤子都让它们叮坏了。"

"这个蠓虫我知道，就是蚊子的近亲。我有两次也被咬坏了，一次是在宝鸡的灵宝峡，还有一次是在黑龙江省抚远市，就是乌苏里江和黑龙江交汇的地方。这个蠓虫可以从帐篷的蚊帐里钻进来。东北人管蠓虫叫'小咬'。"

邓老师起身，给我俩的三炮台里添了水。

"我们把蒿子点着，熏一下，蠓虫就不来了。当时那里有好几种蜂，除了土蜜蜂，还有一种地窝蜂。我们去开荒或者放牛的时候，牛有时会一脚踏在蜂巢上，被地窝蜂叮得满山跑。"

"这种蜂也产蜜吗？"

"产，但是它的蜜口感发酸。没人敢惹那个东西，叮起人来往死里叮呢！还有一种人头蜂，经常把巢筑在窑洞上面，巢的颜色发白，看起来跟骷髅一样。"

"它是马蜂吗？"

"不是马蜂，马蜂也有。"

"我在陕西见过一种叮牛的昆虫，叫牛虻，个头很大。"

"那种虫子牛身上多得很！我们拿鞭子或木头一打，就出一大包血。我们插队的那个地方，野生动物很多，有野猪，还有羊鹿子。羊鹿子就是狍子，当时庆阳多得很，现在没了。数量最多的要数中华鼢鼠了，它吃种子，也吃农作物的根，在田里打洞，那时候我们就跟它做斗争。我们会把有洞的地方铲开，它感觉到光线就会过来补洞，我们做一个机关，用石板带动木箭就把它戳死了。还有一种狗獾，苞谷熟的时候，它把苞谷秆子推倒，然后把苞谷啃了。"

"我听说过獾，它的油脂是不是可以治烫伤？是个土方子。"

"是的。每当玉米熟了，动物们都抢着来吃。狗也吃，鸭子也吃，野鸡也吃，乌鸦也吃，我们就得拿着石头看着。那时候上山放羊，有人就带着一个奶锅，中午的时候架起火，挤点羊奶，把黄米放进去就是一顿饭。其实组织上是不让这样的，因为羊是公家的。到了秋天，洋芋就会成熟，你看植株下边的土如果鼓起来，被顶开了，就证明洋芋熟了。捡点儿干柴，把洋芋放进炭火里烤熟就可以吃了。这大概就是我二十岁左右的故事了。插队的生活有十年，从中学一直持续到二十五六岁。"

"后来呢？"

"那时候是1978年，也是恢复高考的第二年，我参加了考试。第一年没有参加，是因为当时消息不灵通，还不知道。我的考试成绩还不错，但是因为年龄大了嘛，那时候已经31岁了，就被分到张掖师专读了几年书，后来又分到西固的兰州六中当老师。"

"那您教什么课呢？"

"语文、历史、地理我都带，但是我当不了班主任，因为管不住他们。有些老师年龄大了，生病请假的时候我才临时带一下班。当时我教语文，学生和家长还是比较认可的。我教孩子们写作文，然后我做批注。有时间我就带着他们去浪山，还经常去南边的关山，就像春游一样，让他们把看到的写下来。现在的老师都不敢组织这样的活动了，孩子们金贵，摔了、碰了，老师们都承担不起责任。"

"后来您怎么开始研究起地方志了呢？"

"我从小就爱看书。在农村插队的时候,我有一个装衣服的木箱子,我就把衣服放在床上,箱子里装的都是书,有小说,还有唐诗宋词、《古文观止》这些。只要是下雨天,人们就围坐在一起打牌,赢玉米豆豆当作筹码。我既不抽烟,也不喝酒,就爱看书。那时候,'文革'期间不让看,我就偷偷看。我的父亲是复旦大学法律系毕业的,爱看书,家里有很多书,我从小就看,比如《西游记》《水浒传》。小时候有些字认得,有些字不认得,就看个大致意思。我也爱买书,有钱就去古旧书店转转,所以后来当了老师,我给学生讲的内容就比较多,能开阔他们的视野。同时,我也给兰州的报纸和期刊投稿,发表一些文章。到了1988年,兰州地方志办公室找到我,因为他们看到了我发表的一些文章,就把我招进去了,然后就一直干到退休。那时候决定离开学校,是因为住在西固不方便,去市图书馆查资料时坐车很麻烦。我写的东西大部分都是跟历史文化相关的,要查阅《二十四史》《兰州府志》《临洮府志》《甘肃通志》这些资料,拿笔把书上的内容抄下来,后来写东西就使用这些积累的资料。由于《兰州报》开设"兰州地名沿革"专栏,由我主笔,之后开展第一次地名调查时,七里河区请我撰写地名沿革,西固区也请我修改地名。我还参与了兰州新区的地名规划工作。刚开始,大家的意见是要取北京路、广州路、上海路这些地名。我把这个方案否定了,很多城市都是这样命名的,大家都一样了,没有新意。那我们应该用什么名字呢?不如就用山水做文章!你看现在的兰州新区道路规划名称,横向是以山命名的,纵向是以水命名的。比如祁连山路、天山路、白龙江路、黄河路、长江路等。白塔山景区导览牌上的介绍也是我参与制作的。我大概在1984年就撰写有关地方历史文化的文章,曾为《甘肃教育》主笔《陇上史林》专栏，因此被聘为《甘肃省志·教育志》编辑，撰写甘肃古代教育部分，记述一些书院、儒学、私学等内容。这个书在市面上不多，正宁路的古玩城里有个旧书店，去那里应该还能找到。"

"您的工作应该很忙吧。"

"虽然有休息日，但是我基本上没有休息过，双休日也在家里工作，经常要制订方案。后来去外地学习，如四川、上海、湖南、湖北这些地方，学习他们的资料编纂方案，回来就起草一些规范性文件，比如如何收集资料，怎么考证，还有新闻稿的规范这些，桌子上的稿件经常堆得满满的……"

我和邓老师的对话大概持续了四个小时，其间邓老师还提到了很多老师对他的帮助。他们都是老一代的学者，对知识的渴望似乎是没有尽头的。快结束的时候，我问了他一个问题："邓老师，您觉得现在工作中遇到的困难有哪些？"

"就是电脑的操作问题。刚开始，电脑的文件拷贝、打字，这些我都不熟悉，后来就慢慢地学，现在基本上都解决了。目前查询资料还不是很方便，需要注册账号。不过，好在很多大学生会帮我解决这些问题，如果没有他们的帮助，我的工作开展也有障碍。再就是电脑经常升级或者系统更新，很多设置好的功能就会发生改变，也会经常黑屏。我都换了三台电脑了，换了以后找资料很麻烦。此外，讲课还得做一些 PPT。总之，掌握一些电脑知识对我来说有困难。你现在有什么想法？对于自己的工作还有将来的发展。"他突然问我。

"我没想过要潜心研究历史，或者说我现在想当一名职业作家，在网络上发表一些文章，再就是暂时把短视频这个工作坚持做下去。我还没有完全确定自己将来具体要朝着哪个方向走下去。"

"没关系,工作做着做着就会慢慢地找到自己的方向,但是有一句话你一定要记着,就是'咬定青山不放松',坚持下去就有结果。"

"好,我记住了。"

……

吃完饭,我们就下山了。在这次会面中,我们谈到最多的还是他少年、青年时期的经历。

如果工作和爱好是我们一生中不可避免的追求,那年少时的回忆就是我们永远都回不去的"香雪海"。

狮子王

我认识苏国权大概有三年时间了,他是兰州海洋公园的馆长。我做短视频时在抖音上看到了他,当时他正在陪海豚游泳。我也忘记了是他先关注的我,还是我先关注的他。

因为我俩都会在对方的短视频里留言互动,所以就这样建立了联系。

我对于圈养动物的行为一直持反对意见,我们也就这个问题做过讨论。他告诉我,动物园把动物关押起来,让动物失去自由,在社会舆论中很容易成为被批判的对象。他曾经因为一次宣传工作也遭遇过网暴,没办法就只能把账号的评论区关掉了。

换个角度想,如果没有动物园,很多没有经济条件的家庭,除了通过书本和影视作品,很难让孩子接触到这个世界的多样性。尤其是海洋世界,对身处内陆的孩子来说,还是比较遥远的。所以说,在一定范围内,人们还是要把科普做好,动物园也要尽量给动物们提供干净、舒适的居住环境,把伤害降到最低。

兰州海洋公园在榆中县城的西边,距离我住的地方有一个多小时的车程。

"国权,周六早上我要开新书的签售会,想邀请你来做嘉宾,你有时间吗?"

"嗯……我确定好再回复你。"

每次我跟他的对话都很简短,因为他真的很忙。他经常组织科普进校园的活动,还经常出差。我们约定见面很多次,时间大都会变动。

国权也是在兰州长大的孩子,是水车园小学毕业的。我是一只船小学毕业的,这使得我对他有一种天然的亲切感。

上次伟子从北京来,我说带他去看动物,就想着一起去找国权。

"国权,我有北京的好朋友过来,介绍给你认识。我想带他去你们海洋馆看看,你有时间吗?"

"你哪天过来?中午我们一起吃顿饭。"

"吃饭可以,但不要安排得太正式,我们就简单吃个炒面。"

"你来就行了,定好时间告诉我。"

见到他大概是早上十点多。停好车,我跟伟子从车库上来,看到路面有辆厢式货车,边上有一匹小矮马正在吃绿化带里的青草。

国权个子高,比我还高出一些,他迎面向我们走来。

"欢迎你们!"

"国权,这是我的好朋友伟子,也是我的编辑老师。伟子,这是我的好朋友苏国权,兰州海洋公园的馆长。"

"走,我带你们逛逛我们馆。"

这一路,他像一个讲解员,细心地给我们讲解着每一种动物。海洋馆里不仅有海洋动物,还有很多陆地动物。

他跟很多动物说话,很多动物也能听懂他说的话,并做出回应。仔细观察,你会发现他跟动物交流时,眼里是有光的,这使他看起来很单纯,心理年龄至少要减去20岁。

我发现一个很有趣的现象,女性聊天时,她们大都会聊生活、婚姻,男性聊天时,他们都会把重点放在自己的兴趣爱好和工作上。

上个月我说要写一本书，想让他讲讲自己的故事。可是跟他敲定时间是一件困难的事，好不容易见面了，因为谈话被工作打断，就匆匆结束了沟通。

"今年我们的营销活动很特别，主要是把之前的思路整理一下，想围绕'国风印象'这一主题，打造跟《山海经》相关的营销活动。像我们80后这一代人，很喜欢中国的神话故事。"

当然，一进他的办公室，我就注意到了一尊孙悟空的铜铸彩像。

"因为是自己喜欢的，所以结合海洋动物和海洋元素，做了一些《山海经》里的瑞兽形象。就拿相关的印章来说，我们就做了两百多个。这些形象本来就跟动物相关，这样才能让孩子们更多地了解传统文化。"

"需要我来拍摄，一起宣传一下吗？"

"暂时还不用，我们还没有准备好，只是在策划阶段。"

"最近，《黑神话：悟空》很火，我看你还做了悟空在水下表演的节目。我在手机上都刷到了，紧跟流量的步伐啊！"

"这个游戏我下载了，代入感很强。现在的年轻人因为经济问题都很苦恼，所以以'天命人'这个概念打造出一个英雄人物，在混沌的世界中能够给人逆转人生的感觉。这是我们做好的文创印章，给你看看。"他说着就拿出来一个，盖在纸上给我看。

"这些印章你们要盖在哪里呢？怎么使用？"

"我们会做一个专门盖印章的小册子。这一百多个形象，我现在还不能完全叫出名字，我也没有完全记住。"

"它的制作成本高吗？"

"这个要分铜制的和塑料制的，还有就是原子印油的和非原子印油的。我们的章有点类似故宫的文创章，各种各样的，像我手里的这一款，就相对贵一些。前一段时间，我们尝试用了一下，最麻烦的是会有偷印章的现象。只要工作人员稍微不注意，就会有这种事发生。还有那种固定在桌面上，自动加盖的机器，只是这样就失去了体验的乐趣。我们打算在"双11"的时候开展这个活动，每年都会提前两到三周把活动方案做好。你最近在忙什么？书卖得怎么样了？"

"一般吧，写作这个行业，不太好做。我的《大河两岸 岁月兰州》带有明显的地域特色，被归在人文社科、地方志这一类目里，商业属性不是很强。"

"小时候，我爷爷的书柜里有很多地方志，像《甘肃志》《临夏志》这些，但是很多人都不愿意去看这种按时间线单一罗列事件的书籍。我觉得你的创作思路很好，把自己的故事和家乡的故事结合起来，用散文呈现。销售问题完全不在于你，而是因为现在的人确实不喜欢看书了，也不愿意去买书。你那天办签售会的时候，我在现场就给孩子买了一些书，自己都不怎么看了。你可以考虑做一些跟你的书相关的文创产品，人们都很喜欢买这些，只要注意不要侵权就好，美工这一块的知识产权很容易侵权。"

"你们有自己的美工做这些吗？"

"是的，我们有自己的团队。现在市面上做得好的文创不多，但是省博就做得很好。知识产权这块是需要费心思的，我们自己也做了四年文创了，一定要认准一个点，就是注意知识产权问题，否则弄了半天到最后成了侵权。我们把图纸画好，就传给厂家去做。厂家再把设计好的产品打样给我们，协调好就可以批量定制了。"

"伟子帮我做了50个袋子，以《大河两岸 岁月兰州》为主题，后期在销售中会送出去。他在国庆节可能要来找我,如果时间允许,我们再见面聚聚,现在我的问题也是在传播力度上不够。"

"是啊,现在很多年轻人都喜欢看 B 站,每个人又都有自己的信息茧房。我也会看很多平台,抖音、B 站、视频号等。其实读者和观众心里都很明白,你是在给他们灌输你的思想,心理上是有防备的。你那天开签售会的时候应该做一个简单的沙龙,能跟读者互动起来就很好,这种对谈的方式跟读者就有距离感。"

"是的,如果有机会,将来会做一些更亲近读者的活动。这个过程中可以给他们提供一些我自己的认知和看法,有交流就会更好。"

"现在我的工作重点就是放在科普教育上。我跟很多学校都达成了合作,1000 个孩子也好,100 个孩子也好,只要多一个孩子了解到相关的知识,在今后的道路上也许就会给他多一次启迪。"

国权说,在网络上做宣传工作,就要适应网络宣传的新商业模式。有时候要博得流量,迎合大众,就要把工作重点大部分都放在出策划、出点子上,毕竟好的营销策略才是企业经营下去的关键。

"在工作中,每天都要有'洋务运动'的精神,打破形式主义,学习别人的优秀营销策略。建立整治形式主义的台账,定期统计,每周汇报,用魔法打败魔法……"

我跟他聊了大概有一个半小时,大部分都在聆听他解读工作和市场环境。他滔滔不绝地谈论着自己对工作的规划,对事业的理想。我岔开话题:"能聊聊你的求学经历吗?比如上学的时候有没有什么深刻印象。"

"我就是对小学时的记忆比较深刻。我是在水车园小学上的学,学校门口有一条非常狭长的道路,每次从大路进去要走好长好长一段路,两侧全都是小摊贩。小时候兜里总有个五毛一块的,可以买到唐僧肉、杧果干、无花果、酸梅粉这些零食,记忆最深的就是水煮洋芋片和拔丝糖。"

"居然跟我一样,我是一只船的,那时候也很喜欢买这些,每次都会让卖洋芋片的老板多加点汤,然后把袋子咬破去喝那个辣汤,看来我们的童年都差不多。"

"那个卖拔丝糖的叔叔戴着眼镜,他还有两个铝制的饭盒,一盒是红色的糖、一盒是绿色的糖。他拿一个木棍把糖搅起来,我就拿张纸把糖包起来,放进口袋里揣着,等下课吃的时候就黏(rán,兰州地方发音)了一裤子的糖。那时候觉得有一元钱就很牛了,买两角钱豆皮、三角钱洋芋,然后把塑料袋里面的汤喝了,还能买五根辣辣王。"

"这不是跟我小时候一样嘛,我在《大河两岸 岁月兰州》里都提到了。"

"看完你的书,我就觉得大家都一样。那时候我们学校还是旱厕,平房侧面有一棵槐树,上面吊了半截铁轨。一到下课时间,传达室的校工就会拿锤子敲那截铁轨,当作下课铃用。给我印象最深刻的一位老师,就是我那时的班主任,现在我跟她还保持着联系。我偏科厉害,喜欢文科,数学成绩不好,数学老师收拾我收拾得挺厉害的。我的班主任也刚参加工作,那时还是个小姑娘,现在还没有退休,已经是校长了。虽然严重偏科,但是她很支持我在学校篮球队打球这件事。我喜欢劳动课和语文课,喜欢做手工,哪怕现在在海洋馆工作,也还是喜欢干这些手工类的活儿。每个人的求学经历都不同,但是感情最深的还是小学同学,毕竟相处了六年。前一段时间见到一个同学,他因为一些事抑郁了,我也没有什么资格劝他,就是告诉他一些方法，看能不能把事情解决。我也体会过抑郁的感受，有一次我情绪很低落，就去淋雨，窗户开着的时候，也想跳下去。每个人都会经历心理的低谷期。现在工作中也有很多难以解决的问题，比如我们要引进动物，很多流程和手续很难推进，都会影响自己的心态……"

说着说着，话题又回到了工作上。成年人的世界，虽然总被工作、家庭、社会关系这些事情缠身，但一个人的性情是很难发生根本变化的。就像是记忆里的纯真，就像是对一件事情的执着追逐。

我们的聊天时间并不长，谈话经常被他的各种工作打断，不得已结束了会面。他每次都会送我到车库旁边，目送我走下楼梯。他是狮子王吧？这部动画片是小学的时候，老师带我们集体去电影院看的，辛巴长大以后同样做着父辈年轻时做的事情，同样时常想起自己小时候感受到的爱和经历的挫折……

黄土高坡上的二八大杠

"海龙,你在单位吗?我给你和尹总买了点月饼。"

"你什么时候来?我中午有个接待,不知道来不来得及。"

"大概一个小时到,我把月饼给你,不占用多少时间。"

"要不你等我三个小时,我中午办完事接你过来?"

"好。"

敲定好时间,我们在下午见了面。

"海龙,尹总不在,你联系一下她,看看月饼怎么给她。我还想跟你们鑫源联合做一个活动,既能给我的书带来销量,又能帮你们促销产品,你觉得怎么样?"

"可以啊,我问一下主管销售的负责人,确定一下给你回话。"

"好,那我就先回去了。"

这一别就过去了两个月,中间敲定了只要拿着《大河两岸 岁月兰州》这本书,就可以享受购买鑫源农牧产品打八五折的优惠。

再登门时已经是初冬了。我敲开办公室的门,他正在开会。

"你来了,快坐,刚好结束了。"

他给我泡了杯茶,聊了聊近况,还有工作上的事。

海龙是临夏和政人。临夏的羊肉在甘肃也是数一数二的,因为临夏地区有一个特有的少数民族——东乡族。东乡族擅长养羊,手抓别具特色。说起羊的话题,他就向我讲起了相关知识。

"临夏地区羊的品种比较多，也比较杂。人们一般都会找体形比较大的公羊和母羊杂交，这样小羊的品质、体质，还有单只价值都会增加。我们在东乡有养殖基地，也向当地农户提供价值比较高的种羊。我们主要引进的品种是'澳洲白'和'杜泊'等，然后跟国内的羊进行杂交，培育出新品种……"

聊起工作，海龙有说不完的话。他是一个山里的孩子，小时候要徒步很远到镇子上去上学。那时，他身边的小伙伴很多都不喜欢读书。后来，他去县城里读初中，毕业于和政县第三中学，高中时考到临夏回族自治州。因为读书时生活条件艰苦，他一直想从大山里走出来。

"本来我是想考农大的，可是分数不够。如果复读，家里的经济压力很大，所以就没有选择复读。我毕业以后留校在招生办干了一年教职，后来又通过社会招聘进入兰州红古区的方大炭素工作。"

"我知道方大炭素，上次我还参观了这家企业，它是甘肃数一数二的高精尖企业。"

"是啊，因为我被成功录用了，后来根据企业政策，给了我一个安置家属的名额，我媳妇的工作问题也就解决了。"

红古区离兰州市中心很远，距离兰州市区将近100公里。很多人都不愿意去这样的企业住宿舍，但是对海龙来说，这就是他梦想的起点。

他在方大炭素一留就是七年，房子买在海石湾。海石湾镇是兰州市红古区政府所在地，古名称作"黑石谷"。因为兰州话"黑"的发音为"hè"，读音与"海"相近，后改名"海石湾"；也因海石湾以北的峡口内石质青黑，故而得名。

"刚参加工作那几年，我还想离开红古这个地方。因为那时候正在搞'创建文明城市'，所以我总觉得主城区的环境会好很多。"

海龙的爱人是白银靖远人。我打趣道："看来你俩真有缘，都来自爱吃羊肉的地方。"

两个人是大学同学，刚来兰州的时候也没有什么朋友，本来想着在海石湾买个二手房先过渡几年，等条件好了能到市区工作，没想到现在彻底在这里安家了。

"现在朋友、关系都在这边，也不愿意走了。"

2014年，海龙有了孩子，现在都十岁了。因为抚养孩子，经济压力越来越大，他就想离开这个单位，谋求一条更好的出路。

"当时鑫源正在招聘财务人员，我看到消息就来应聘了，面试的人就是董事长尹总。因为有在方大炭素的工作经验，再加上尹总说我有精气神儿，就这样进入到鑫源。我离职的时候，方大炭素也没有难为我，我交接好工作，培训好新人，就离开了。"

2017年，他正式进入鑫源工作。2018年，国家号召打好脱贫攻坚战，鑫源就响应号召进入了农业领域。因为他工作踏实，后来被升职为鑫源农业这一块的负责人。

"当时鑫源有能力，有条件，所以我们就进驻到临夏东乡。东乡是羊城嘛，我们就开始逐步建厂，开拓业务。政府会给老百姓补贴，老百姓自己付一部分钱，我们提供优质、便宜的种羊，当时我记得是每家贫困户能拿到一只公羊、三只母羊。就这样，我们慢慢地打造出'东乡贡羊'这个品牌。当地人有很丰富的养羊经验，我们只需要提供一部分技术支持，做好收购环节就行了。为了做好品牌推广，我们挖掘历史，明代《河州志》里就记载了当地有87只羊被作为贡品的历史。还有一种说法是当地有很多长胡子的老爷爷，他们都很长寿，就是因为经常吃羊肉。"

又是一个聊起工作就停不下来的人，在自己专注的领域做着专注的事情，这是我钦佩的。

"考虑到生态问题，养殖的羊太多，就会破坏草皮。在控制养殖数量的同时，还要保证产量和创收，鑫源就在当地建立了养殖场，集中管理。我们以'公司＋合作社＋农户'的方式运营，当地的农户以集体经济形式入股，我们来做羊肉品牌和市场推广，然后大家一起分红。我们把种羊发出去，老百姓饲养优质种羊，生产优质羔羊，我们再回收，流向市场。我们生产的羊肉要通过很严格的认证体系，最后打上'甘味'的认证标志。现在'东乡贡羊'也算是当地知名的区域认证品牌，在2022年品牌价值被预估为63亿。"

海龙告诉我，不仅是单纯的养殖，他们还有自己的实验室，研发胚胎繁育技术。以前，他们从国外引进的种羊，一只价格要16000元，现在经过他们的培育和繁殖，市场价已经在8000至10000元一只了。当然，在引进技术的过程中，他们也遭受过损失。

"刚开始，在受孕、胚胎移植方面，我们还没有相关技术，就通过跟其他企业合作来完成，约定种羊的受孕率要达到70%。因为缺乏经验，我们把受孕环节和确定受孕检测环节拆分开了，这家公司就钻了空子。虽然我们支付了预付款，完成了受孕，但具体有没有受孕成功，要等支付检测费用后才知道。我们又把检测费用付了，谁知给这家公司打电话也不接，人也不来。我又找另外一家公司做检测，种羊的受孕率只有8%，一下就损失了十几万。因为在签协议时让他们钻了空子，所以他们也不算完全违约，走法律程序也很难有胜算。为了培育出优质的品种，我们从澳大利亚请来专家做人工授精，后来就学着自己做。为了打开销售渠道，我们在全国参加各种展会，参加评奖，终于成为国家级的畜禽标准化示范场，目前在全国范围内算是龙头企业，在甘肃省是排名一二的技术密集型农牧企业。"

在海龙的言语中，对企业获得的成就颇感自豪。他告诉我精细分割的好处、告诉我现在的羊肉市场价格、告诉我品牌的打造和包装、告诉我他们开创木耳产业的缘由、告诉我如何利用水果产业实现农牧循环、告诉我使用疫苗可以避免滥用抗生素的原理、告诉我他们共同的企业目标就是做一家百年或者千年的企业、告诉我他们的上市计划……

最后谈起的依旧是他小时候上学的记忆。

"那时候，我推着个二八大杠。山坡上只有土路，很陡，摔倒了就得自己爬起来。就算是考大学，也没有方向，家长也不能给我报考专业提出建议。上初中的时候，学校没有食堂，周边也没有饭馆，我就啃干馍馍，有时候煮点面，煮不熟就吃下去了，落下了现在动不动就胃疼的病根。每周五回家，还要步行两个多小时。路上天黑了，连狗叫声都听不到，有时候赶上下雨，经常被淋湿……我那时候吃了很多苦，现在只希望孩子过得简单、快乐些，只要他健健康康就好，做人有礼貌，学习也不需要太优秀。我儿子很喜欢读书……"

是的，不需要太优秀，健康快乐就好。这也许是天下父母最朴素的期待吧！

仙人掌会在沙漠里向你招手

明天是中秋节,昨晚边雪打电话给我,说今日下午与马顺小聚,因为她发现了一个小巷里的咖啡馆,老板是个乌克兰小伙子。恰巧今天是周一,我的车本来是限号的。边雪告诉我中秋假期不限号,就把导航地址发给了我。下午,我就开着车在城区的小巷里钻来钻去,最终到达了目的地。

这家咖啡馆叫"那年花开"。我是第一个到的,她们都还没来,我就去附近的一家小店点了半斤饺子。吃完饺子赶回去,她们已经到了。边雪带着男朋友小川,马顺带着小石榴,四个人已经坐在那里等我了。我拿出刚才在小卖部买的一元小零食给小石榴。

"你是真的会算吗?小石榴刚说要吃魔芋爽,你就买来了。"马顺接过我手里的零食。

"嗯,我大概是会算。"我顿了顿,又说,"好了,顺顺,先采访你吧。你先选个能代表你的植物。"

"让我想想,向日葵吧。"

"已经被占用了,再想个其他的。"

"看来很多人都喜欢向日葵。"

"没关系,等会儿再说吧。我先开始对你的采访。先说说你的出国经历吧。当时你为什么选择去国外读大学?你是在七中读的高中吗?"

"不,我的高中是在十四中读的,去国外读的是经济专业。当时出去读书是因为学不会，就去了马来西亚伊斯兰大学。"

马顺是回族姑娘，家里有三个姐妹，她排行老二。

"当初去马来西亚是家里的意思，还是你自己要去？"

"是我自己想去，当时我爸妈给了我很大的支持，这一点我非常感激。"

我跟马顺、边雪是在2014年认识的，当时我们共同在一家留学语言培训学校共事，我是做市场营销工作的，她俩都是代课老师，负责教授雅思课程和口语课程。我们共事的时间并不长，大概也就不到一年。

之前，我知道马顺的妈妈很早就去世了，一直避讳没有多问。今天就贸然问了一句："你妈妈的事情我可以提吗？"

"可以啊，没关系。她是2013年去世的，患的是脑肿瘤。"

"是不是你刚毕业的时候？"

"是的，那时候我二十五岁。妹妹还小，当时上六年级，大概也就是十二岁。我姐已经结婚了，嫁去了北京。我妈住院期间，主要是我姐一直陪在她身边，整日整夜地陪着。后来离开雅思学校，我去了万华中加国际学校，在那里主要做留学顾问。从2016年到2019年，我都在这个学校工作。"

"我记得你是在2016年结婚的吧？"

"是的。小石榴今年也六岁了，明年就该上小学了。"

"你妹妹是不是也快毕业了？"

"是的，明年。她计划考研，要去西安。我觉得无论是婚前还是婚后，压力都没有太大变化，生活各方面也没有太大差别。有了孩子，就会把精力都放在孩子身上，其实孩子也是对自己的一种疗愈。"

"事业、家庭、孩子,你觉得哪个更重要?"

"家庭吧,就是大家庭,姐姐妹妹这个大家庭。因为她们是我的依靠。我觉得自己还不够独立,需要朋友的陪伴,要依靠别人。我现在在碧桂园学校工作,收入还可以。在工作中,同事、领导都给了我很多帮助,他们也很包容我。"

"你现在主要带什么课?"

"经济和商业方面的,高中国际课程。我利用业余时间考了兰大MBA的研究生,也很知足。"

"你希望小石榴将来的生活是什么样的?"

"做自己想做的就可以。我管孩子还是很厉害的,但在学习方面也给孩子带来了一些压力,主要是我爸对小石榴的要求很高。"

边雪在一旁说:"小石榴已经很讲礼貌了,见人都会打招呼。"

"我爸对我们姐妹的要求还是比较严格的。我对现在的生活比较满意,学业到这里就可以了,也不想再提升学历,这已经是我的最高水平了。平时多运动运动,没事看看书挺好。"

"还想去旅游吗?或者露营?明天你们不是放假嘛,要不我们出去转转。"

"不行啊,现在已经不能有说走就走的旅行了,家里现在离不开人。"

我知道前段时间因为一些矛盾,她爸爸兄弟几个一直在闹不愉快。为避免烦心,她就独自一人住在家中,她爸爸带着小石榴在南河道那边居住。

"我现在的人生目标就是要把小石榴培养好,关于再婚的事,顺其自然吧。如果是互相凑合的就算了,有幸遇到各方面都合适的,还是想有一个人陪伴。"

"你还有其他的人生目标吗？"

"长生不老吧，跟你一样。我们三个人能成为好朋友，就是因为我们的共同目标是长生不老。如果这样写不能过审，那就说健康长寿好了。我希望将来能开一家甜品店。此刻，我感到很幸福，跟你们出来见面，我特别开心。"

"所以你想好什么植物能代表你了吗？"

"向日葵是我喜欢的花。大部分植物都是向阳而生的，比如牵牛花呀、蒲公英呀。那我就选仙人掌吧，打也打不趴下，比较顽强。我既不是躺平的状态，也不是使劲内卷的状态，就是做自己想做的，一切顺其自然。"

我是个地地道道的"妇女之友"。虽然身边的女性朋友居多，但是她们都没有娇滴滴的模样，个个都像花木兰一样坚韧。在我心里，她们的骨子里甚至比大部分男人还要坚毅。我喜欢她们身上的韧劲，喜欢她们带给我的力量，也喜欢她们的胸襟。

仙人掌为什么叫仙人掌？虽然满身尖刺，却有娇柔的内心；虽然成长时需要尖刺的保护，很难开放，但是一旦开花，花朵无比娇嫩艳丽。它的种子落在哪里就在哪里扎根，哪怕是在缺水的沙漠中，也能顽强地生长。远远望去，它像沙漠中的一个手掌在跟你打招呼。剖开它的叶片，可以给人带来充足的水分，救人一命，故名——仙人掌。

红色才是爬山虎最艳丽的颜色

和马顺的交谈告一段落,我的目光投向了边雪。

彼时,小川已在边雪身旁安然入睡。身旁有个人陪伴,那种安心的感觉是如此真实。边雪告诉我,她不喜欢仙人掌,独爱爬山虎。因为爬山虎总是向着高处攀爬,这与她喜欢登山、爬树的爱好相契合,这些向上的运动仿佛有一种特殊的魔力吸引着她。我还记得她曾热衷于攀岩。那是数载之前,她在澳大利亚攻读博士学位,当时有个印度籍男朋友,还来过兰州一次呢。那时马顺尚未离婚,我们在马顺家一起吃火锅,氛围格外温馨。边雪之所以会接触攀岩,是受当时男友的影响,他们还特地为攀岩去了桂林。后来边雪要归国,两人便分道扬镳了。

边雪出国甚早,初中毕业就去了。她的父亲曾在兰州大学任职,所以她在兰州大学职工子弟小学读书,初中在七中就读。也许这就是命运的奇妙安排,我和马顺上小学时同校,和边雪上中学时同校,只是我的年龄比她们稍大些,因此从未在校园中相遇。现在发现我和鑫姐也是校友,这些奇妙的缘分真让人感叹不已。

说起过往,我、边雪和马顺都在盘旋路附近长大。我自幼在兰州饭店生活,我们三人的家其实相距不远。幼年时,我们经常在兰州大学花园里嬉戏。那时兰大还没有门禁,校外的人都可以自由进出。

兰州大学的人工湖给我留下了深刻的印象。我曾和边雪提起过,我在那里有过一次落水经历,最后在湖边把衣服晾干才回家。

边雪笑着回忆道:"原来小时候我们都掉进去过呢!我大概在低龄学段的时候,有个小哥哥不小心撞到我,我就掉进湖里了,最后我是抱着桥栏杆爬上来的。当时我在捉蝌蚪哦!"

"我也是因为捉蝌蚪掉进去的,不过我是稍大些年龄的时候。对了,你在国外读书,为什么大学选择读生物专业呢?"

"我其他学科都不太擅长,只能学这个了,而且我觉得和生物专业相关的一些内容特别有意思。"

"你中学后期是在墨尔本读的吗?"

"嗯,对。我的本科是墨尔本大学,研究生也在本校,读博的时候换了学校,去了拉筹伯大学。"

"你的研究方向是什么?"

"在研究生阶段,我以竹节虫为模型研究动物行为,毕业后决定用动画制作的方式,以蜥蜴为模型开展研究。这是因为当时我跟随的导师在做这方面的研究。"

"学生物可真不容易,还得学习动画制作。"

"学理科的学生在使用软件制作动物行为模型方面确实不太擅长,很少有人做这个。"

"那你决定做这个,肯定有不少困难吧?"

"还好啦,我求学时的香港男朋友是做动画设计的,也是通过他,我对动画设计才有了一定的了解,也知道这个领域该和谁合作。用动画方法做动物行为研究模型已经有很多应用了,比如现在就有专门针对蜘蛛和刺鱼的动画工具。很多人问我研究这个有什么最终目的,我也答不上来,就开玩笑说为了混口饭吃呗。"

我继续提问:"你现在的研究内容属于基础学科吧,这种研究不会带来很高的经济收入。你觉得做基础学科研究对你有意义吗?或者说,基础学科研究对人类重要吗?"

边雪认真地说:"可以说所有学科的研究都是建立在基础学科研究之上的。比如军工、航空航天材料这些领域的研究,都离不开基础学科,尤其是生物学。就像飞机是依据鸟类飞行发明的,战斗机、直升机是模仿昆虫的飞行模式研发出来的一样。"

"我知道你现在是博士后,博士后是个什么概念呢?"

"博士后是博士毕业后的一种工作经历,不是一个学历。当前这个工作难度很大,而我的科研能力有限,所以我打算以其他方式谋生,主要把重心放在教学上。在国内大学搞科研的人,教学基本上是硬性要求。"

"你的出站论文发表了吗?"

"我已经投稿了,正在等消息呢。这个时间周期不好控制,主要是因为我的专业比较小众,能审稿的专家不多。"

"你说的是国内还是国外的专家?"

"是国外专家。我投的是国际上专业领域的杂志。"

"那你下一步的工作计划是什么?"

"出站后我打算应聘大学老师,想试试兰大或者西北民族大学,具体得看招聘信息。"

我话锋一转:"你觉得婚姻生活重要吗?"

"对我来说,婚姻生活就像合租,没那么多讲究,怎么着都行。"

马顺在一旁说道:"人在不同阶段、不同情境下,想法都会不一样。"

"那你说说，你为什么喜欢爬山虎？"

她眼中闪着光："我觉得爬山虎的叶子非常茂密，那种郁郁葱葱的美很迷人。当它爬满老房子，只留下一扇窗户时，画面特别美好。它也不会开那种艳丽夺目的花朵，很低调，不会刻意去吸引别人的目光。"

"你人生中遇到的最痛苦、最难熬的事是什么呢？"

边雪思考了一下说："好像没有呢。我觉得遇到不好的事，最难的就是过自己心里这一关。我们得学会放过自己，不要总是被父母的期待束缚。不能他们说什么，我们就盲目去做。"

"我就是这样做的，在工作和职业规划上，我从小就不听父母的安排。你有这方面的困扰吗？"

"不考虑父母的期待值，确实能减少内耗和焦虑。我爸妈虽然没提过具体要求，但我能感受到他们对我有很高的期望。现在我在按自己的节奏生活，但还是不能完全摆脱这种影响。有时候我也很心疼他们，他们为我担心时，我心里也不好受。小时候，我爸总拿我和别人比较，还经常用别人的优点来打压我，中国很多家长都有这个问题。这让我既生气又有些自卑，不过我知道爸爸是爱我的，他在我的教育上投入了不少金钱。"

"你觉得幸福的标准是什么？"

"没什么标准啦，活着，健康，父母爱我，男朋友爱我，同时我也爱他们，这就足够了。我的人生目标和你、马顺一样，就是希望长生不老，哈哈。我可不想给自己太大压力，就尽人事听天命，顺其自然吧。"

我笑着回应："对，顺其自然，道法自然。"

"一切都是命中注定的，我们接受并感恩就好。"

我打趣道："那你为什么选择和我、马顺做朋友呢？"

"还不是因为我们都觉得彼此好看嘛，而且性格很合得来。我只跟俊男美女做朋友哦。"

"你现在越来越会说话了，那你得把你的俊男美女朋友们介绍给我们认识认识，我可期待着呢。"

说完，我们几个人都哈哈大笑起来，笑声吵醒了在马顺怀里熟睡的小石榴。

边雪笑着说："刚开始交朋友可能是被外表吸引，但能一直做朋友，肯定是因为彼此臭味相投啦。"

我看了看时间，说："好了，我们撤吧，都快傍晚了。我回去把你们说的整理一下。"

我和马顺、边雪于2014年相识，至今已经整整十年了。我们都清楚地记得彼此的生日。今年，我和边雪都差点忘了马顺的生日，后来在教师节那天，我们一起给她补办了生日，吃了烤鱼，还买了一个冰激凌蛋糕。我们在一起的时候，聊天总是特别愉快，往往说不到三句话，三个人就会哈哈大笑起来。有时候我们也会去酒吧坐一坐，听听酒吧的驻唱。如今，虽然我们各自都有事情要忙，但是想见面也不用提前很久安排，只要时间允许，打个电话就能聚。这种轻松自在的关系，真的很难得。

关于边雪，还有很多故事没写。在她归国后的一段时间里，我们俩都单身，经常一起去野外露营、驾车旅行，那些回忆珍贵又美好，想起来就让人开心。她身上那股韧劲也特别难得，尤其是在工作选择上，这一点我特别佩服。科研工作并没有我们想象得那么有趣，有一次我陪她去甘肃景泰和内蒙古乌海的沙漠地区研究蜥蜴，观察荒漠沙蜥的求偶行为。那些蜥蜴跑得可快了，得抓住它们，再放到围好的圈里，然后用视频记录拍摄，一天下来最多也就只能完成三四个样本的收集。我一个男生在沙漠里都很难独立完成这些工作，如果没有我的陪伴，多数情况下她就得独自在沙漠里进行研究了。

边雪喜欢爬山虎，在我看来，她就像爬山虎一样，是个乐于挑战、不断向上攀登的人。

爬山虎虽然没有艳丽的色彩，但大片墨绿色的叶片会在秋季变得通红，那种美比鲜花还要动人。

破茧成蝶的"春虫虫"

中秋节那天中午,我正全神贯注地书写上一篇文章,手机屏幕突然弹出小海的信息:"涛哥,中秋快乐!愿你幸福美满、平安吉祥、万事顺心、心想事成,一路发发发!"

我回复道:"你也是啊,中秋佳节,阖家幸福!"

小海在我的朋友中算是最年轻的。今年是龙年,正是他的本命年。他出生于2000年,大学毕业刚满一年。我和他的相识,源于2022年在成都的一次住院经历。那时,我们都在专科医院住院,他比我晚到几日。

在病区里,走廊的活动区域呈环形,大家时常围着走廊踱步。有一次,我正沿着走廊散步,突然看到他在我前方摇摇欲坠,我急忙两步跨上前去想要搀扶,可惜还是晚了一步,他已经摔倒在地。周围的病友帮忙叫来护士后,我将他扶坐在病床上。

此后,他的病床被安排在我旁边,我们便常常一起去散步聊天。

昨天下午六点半,他又发来信息:"涛哥,你今天忙不忙?有没有事?"

"在写书呢,不过也能停下。你在兰州吗?"

小海今年三月被安排在白银市工作,所以放假期间一般会在兰州中转。

"我还有一个小时就到。"

"明早要上班吗？要不要我送你去白银？你是坐飞机还是高铁？"

"我坐高铁呢，这里信号不太好。我想去找你，明天回白银。"

"那我去接你。你在兰州站还是兰州西站下车？"

"兰州站。国庆节后我可能要去呼伦贝尔工作了，刚收到通知。"

"好，见面聊。"

晚上快八点的时候，我到车站接他。以往我接人都会约定在火车站的铜奔马雕塑下碰面。前几日，兰州火车站前的广场进行了整修，停车场也被改造了。快到的时候我才发现这一情况，于是赶忙打语音电话让他到路边来。他上车后的第一句话便是："晚上想喝点儿吗？"

"你想喝白酒还是红酒？我家里有红酒。"

"那就红酒。"

"先带你去吃饭，你想吃面食还是米饭？我出门的时候邻居阿姨做了臊子面，我吃了点。陪你再吃点，我也吃不下太多。"

"哦，你吃的臊子面啊，我们遂宁的臊子面是干的，我还是喜欢吃不带汤的。"

沿着天水路向北行驶，过了万达后，路边有一家周达炒面。上次马顺带我和边雪来过这里。因为马顺是回族，所以我们三人一起吃饭时，地点都是由她来选择。我还记得这家店的甜胚子特别好喝，因为里面加了薄荷。于是，我把车停好，带着小海走进店里。

小海吃了一碗炒面，我给他点了鸡蛋豆腐、百合炒肉，又要了一个籽瓜汁和一份柠檬浆水。这家店的配方有些独特，饮品里都放了薄荷。我本就喜欢喝水，对他家的饮品自然颇为喜爱。

"涛哥，我来买单！"小海抢着要付钱。

"你来兰州，哪能让你买单，等我去四川你再请我。"

吃完饭，我们来到一楼，看到有卖凉菜的，便买了虾尾、鸡爪和翅根。买东西的时候，他家里正好打来电话。

回到家，我打开一瓶莫高红酒，将凉菜摆好，又拿出两个从网上买的莲蓬，打开电视，选了电影——《孤注一掷》。我俩一边看电影，一边喝酒，也没怎么聊其他话题，只是围绕电影情节简单聊了几句。等看完电影，已经是夜里两点多了。

第二天早上八点四十分，闹钟将我唤醒。我洗漱完毕后，叫醒了他。我们下楼，到对面的便民菜市场吃早餐。他似乎不太爱吃肉包，所以选择了油条。我们各自喝了豆浆，吃了鸡蛋后便出发了。

"我开始录音了，你别紧张。我要采访你，想把你的故事写进书里。为了方便记忆，就先用手机录下来。"

"嗯，你问吧。"

"我们从吃的开始聊吧。你喜欢甘肃的美食吗？"

"喜欢啊，比如你上次带我吃的羊羔肉，我就特别喜欢。"

"那下次你来，我再带你去吃。你平时会把牛肉面当作早餐吗？"

"不会。我早餐吃得很简单，一般喝点稀饭就行，有时也吃点包子和油条。"

"你当年考学的时候，为什么没离开四川，而是去了自贡呢？"

"这和我之前的女朋友有关。我当时是专升本，专科在成都读的。那时女朋友也在成都，但我们不在一个学校，她学的是思想政治教育，现在已经读研究生了。后来本科我就去了自贡。我们现在已经没联系了。"

"你现在这份工作，是自己投简历应聘的，还是有人介绍的？"

"是我自己投简历应聘的。这家公司总部在北京，分公司设在成都。本来我想应聘房地产工程造价相关的岗位，后来自己做了些调查，就选择了电力工程造价这块的企业。应聘时我就知道要经常出差，只是没想到会来甘肃。等国庆假期结束，应该就能知道我要不要去内蒙古了，因为现在除了我，还有一个同事待定，我们俩其中一个要去。"

"当时在医院见到你，我真挺惊讶的。我知道精神方面的急性问题，多数是由于过度思虑或者长时间缺乏睡眠，从而导致大脑损伤引起的。我当时是四五天没睡觉，所以突然发病了。你当时是怎么回事呢？"

"就是自己给自己压力。虽说嘴上说没压力，但实际上还是有的，主要是工作压力。就业前，我对社会的就业形势感到迷茫，对自己的前途也很迷茫。"

"对，有本书叫《谁的青春不迷茫》，前几年可火了。"

"我听说过，但没看过。我现在工作一年多了。毕业后，我妈让我多玩一阵，可能也是因为我生病，他们担心，就让我在家多待了些日子。"

"那你现在适应工作了吗？有没有遇到什么工作上的难题？有没有师傅带你？"

"没有专门带我的师傅，不过有不懂的我都会去问。"

"我看你昨天还在手机上看招聘信息，你是想换工作吗？"

"嗯，我不想一直出差驻外。我现在一个月才能回一次家，甲方还要求我不能经常回四川。工资嘛，一个月底薪3500元，加上交通、伙食补贴，一个月能拿5000元左右。我穿的衣服之类的都不用自己买，都是我妈和我姐给我买，因此一个月开销大概2000多元。工资按理说年底一起结算，现在属于预支，这个项目最后分配下来我能拿多少是有定额的，年底把预支的工资扣掉，剩下的就是年终奖。估计今年年底没多少，但现在也能存点钱。"

"我看你换手机了，是 iPhone 15 吧？"

"对，之前那部手机弄丢了。我根据手机的定位功能都找到人家家里了，可人家不承认，没办法，只能算了。"

"你当时为什么选工程造价这个专业呢？"

"我妈当时给我推荐了好几个专业，像中医针灸推拿、计算机等相关的专业，后来觉得工程造价这个专业听起来比较高级，就选它了。这专业听起来高级，实际上每天就是做些加减乘除的活儿，就是核算成本嘛。"

"哈哈哈哈，我上大学选专业的时候，我爸看我喜欢玩电脑游戏，又学文科，就建议我选计算机，结果我什么都没学会。那时候，我可喜欢玩《暗黑破坏神》和《仙剑3》这些游戏了。你们核算成本需要做市场调研、市场报价之类的吗？"

"有软件，充个会员就能看到相关信息。"

"咱们聊的这些，我能写进书里吗？"

"当然可以。你知道吗？我们上班不用打卡，有时候能睡到中午，下午再去忙工作。领导对我们也挺好的，只要完成手头的工作任务，不要求我们必须待在办公室，平时也基本不用加班。"

"哇，你这工作好多人羡慕呢，挺清闲的。现在很多人每天工作十几个小时，还经常加班，你还想着换工作呢？"

"因为这份工作学不到我喜欢的东西。我现在更喜欢文科类的工作，喜欢看书。住院前，我没有阅读习惯，出院后就一直坚持看书。你看我的手机屏保，现在是《道德经》。我目前比较喜欢看哲学类的书籍和小说。"说着，他把手机屏保展示给我看。

"你会刷短视频获取知识吗？"

"我很少刷，下载抖音也是为了看你的账号，不过现在已经删了，因为想看的话，在朋友圈就能看到你分享的内容。我觉得时间过得很快，人生也是如此。直到现在，我还记得三岁时在爷爷奶奶家的事。爷爷家在攀枝花，那时候有人在我家地里偷甘蔗呢。"

"你才二十五岁，就觉得时间过得快啊！不过时间确实如白驹过隙。你对未来有什么打算？"

"我想看看有没有更适合我的工作，想自由一点，做自己喜欢的事情。长远的打算还没仔细想过。"

"婚姻问题你是怎么考虑的？会结婚吗？"

"会啊，但我现在单身，因为很难遇到合适的人。我想在二十八九岁结婚，不过也不强求，顺其自然吧。家里人都很支持我的决定，给我建议，不会强迫我做什么，我觉得现在很幸福。进入社会后，我发现很多人都不能自己做决定，大多数时候都身不由己。我就想做一个平凡的人，能为社会做点贡献。"

"你的觉悟很高呢！"

"人要知行合一嘛，能做到这点很难得。"

这时，我已经驾车来到京藏高速白银出口，兰州距白银也就六七十公里，这趟行程即将结束。

"你说的这些内容我要写进书里，你有没有什么想对年轻的弟弟妹妹们说的话？"

"就说'好好学习，天天向上'吧，这是毛主席说的。人这一辈子总归要有个兴趣爱好，到最后，能一直陪伴你的只有书籍。我看边姐和顺姐想长生不老,我想知道人死了去哪里。"

"人要是死了就什么都没有了,归于虚无,所以还是要好好保养身体,多活些时日。你是我见过的年轻人里为数不多的有深度的,哈哈,我朋友大多比我年龄大,就是因为像你这么有想法的年轻人不多。我觉得有时候年轻人有点蠢,我年轻的时候也很蠢。我像你这么大的时候,还不如你呢。"

"蠢不就是'春虫虫'嘛,像春天的虫子,还没长大呢,我还年轻呀。"

"你觉得什么植物能代表你?"

"竹子吧,因为竹子中间是空的。'斑竹枝,斑竹枝,泪痕点点寄相思。'"

他随口就吟诵了刘禹锡的《潇湘神·斑竹枝》。刘禹锡还有一首《潇湘神·湘水流》。这两首词描绘了舜帝的两位后妃娥皇和女英,她们因舜帝去世,投江前将泪水洒在竹子上,留下斑斑泪痕,遂成斑竹。因为林黛玉爱哭,泪水也多,所以也有"潇湘妃子"之称。

快下车的时候,他还提醒我回去记得换裤子,因为早上走得匆忙,我穿了一条裤裆开线的裤子。

我像他这个年纪的时候,哪会思考这么多,像宗教、格物致知、知行合一这些话题,我几乎从未想过。他想成为竹子是因为竹子内里是空的,而我想到的是竹子有节。从这两个不同的思考方向,能看出人的性格差异。我的棱角至今仍未被磨平,而他所秉持的"空",恰是需要用虚心来填充的。

"斑竹一枝千滴泪,红霞万朵百重衣。"这是毛泽东写给好友周世钊的名句。

第四章
Chapter 04

路上的风景都很美

上学的时候，我是一个非常不善于表达的人，但是每当我跟小伙伴们在一起，总会用兰州话来交流，这似乎在标榜我的社会气息，以彰显自己比其他人更加成熟。可是现在如果让我说兰州话，我已经蹩脚到要思考很久发音，想一句说一句，生怕别人发现我的兰州话不正宗。我爸跟爷爷说话有时是山东话，有时是兰州话，我爸妈之间说兰州话，唯独面对我时，他们说的都是普通话，所以我练就了一口流利的"京兰腔"。后来去南京上学，我的普通话发音才开始慢慢标准。

一、二年级时，我在东岗西路二小上学，现在学校已经拆除了。我清晰地记得那时候一只船北街种满了高大的杨树。春天，很多像毛毛虫一样的杨树花落在地上，我们就把那些"毛毛虫"首尾相连，做成项链挂在脖子上；夏天，风吹得树叶沙沙作响，小贩们在学校门口兜售各种儿童玩具，还有棉花糖、吹糖人这些吸引孩子们的零食；到了秋天，枯黄的杨树叶落满马路，偶尔也会有杨树的枯枝落下来……

我喜欢印有葫芦娃和黑猫警长的洋画片，最喜欢的零食是胡萝卜丝和无花果丝。学校对面就是兰州饭店的家属院，刚进大院门有一小块被铁栏杆围起来的空地，我经常蹲在那里弹玻璃球，还有"叉三刀"，也会经常被女孩子们叫去跳皮筋。范×鹏是我最好的朋友，他的奶奶背驼得很厉害，腰已经弯到直不起来。他家住在一楼，有个小院子，养了几只鸡，每次我去他家都能看到沙发旁边放着一大盆鸡蛋。有一次，我家冰箱上放着我爸的一整条海洋烟，我就偷着拿了一包，叫上范×鹏去后院的大坑里学着大人的样子咂上两口。怕被发现，剩下的大半包烟都被我埋在土里了。

上一年级的时候，我家搬到了兰州饭店家属院的平房里，现在这排平房还没有拆，不过早已换了好几轮主人了。在这之前，我们一家住在兰州小汽车修理厂的院子里，对面就是东方红电影院。我爸用自行车铁框做了个简易的烧烤架子，在家门口给我烤过好几次羊肉。有一次，我爸新买了一把黑伞，那天刚好下过雨，我把伞撑开放在水洼里转，我爸说了两次要我停手，我都当没听见，他就抡起巴掌揍了我一顿。在我的记忆中，我爸揍我的次数一共也就四次吧，我妈那就不计其数了，大都是因为我不写作业和请家长的问题，不过例外挨打也不少。

有次我妈骑着自行车送我去上幼儿园，早上六七点钟的样子。她把我放在自行车的后座上。我很害怕坐自行车后座，也不想去幼儿园，就哭闹着威胁我妈："妈妈，你不要送我去幼儿园！你要是送我去，我就把脚放进车轱辘里！"我说了两遍，她以为我不敢这样做，还安慰我说："妈妈要去上班，只能送你去幼儿园。"我连片刻都没有犹豫，就把脚塞进车轱辘里了，结果鲜血直流。最后，我在妈妈单位的医务室包扎完，依旧没有摆脱要去幼儿园的命运。

我妈后来说，那时候单位经常接待去敦煌旅游的外宾，她要去餐厅准备早餐。虽然她看到我的脚后跟掉了一大块肉，心疼得不行，但也没有办法，毕竟一个月的工资就几十块钱，还想要得先进，多拿点奖金。

二年级的时候，我妈晚上要加班，我爸也不在。我把电炉子插上电，提着茶壶准备放在炉子上煮，可是往上放的时候，不小心把水浇在炉子上，导致一排平房都断了电。我家的电线也烧得通红，马上就要烧到天花板了。隔壁叔叔看到我家在冒烟，就过来查看，拿个手钳子把电线剪断了。要不是隔壁叔叔发现得及时，估计得把房子点着了。这是我第一次独立做炊事工作，以失败而告终。

家里有张弹簧床，刚搬家的时候，我爸新买的。只要表兄弟或者堂兄弟来，总会跟着我到我家，因为大人们都会去爷爷奶奶家。我就带着他们在弹簧床上使劲跳，就像跳蹦蹦床一样。说起来，那张床的质量还挺好，都没坏过。我还记得表姐披着我妈的丝巾，拿着家里插花的瓶子扮成观音菩萨，我们几个站在床上演戏。

现在回想起来，我小时候真是调皮捣蛋。家里买了新电视，摆在衣柜上，柜子是我爸妈结婚时手工制作的。放电视的位置下面有个抽屉。有一次，我把一大块磁铁放在抽屉里，偶然发现电视屏幕变了颜色，于是就拿着磁铁在电视机屏幕上划来划去，色块就随着磁铁位置的变化而变化。

大姑从平凉来兰州探望爷爷奶奶和我们，她每次来都会带几只平凉的烧鸡和一些锅盔。我妈把新买的丝袜放在衣柜侧面，我就拿了好几双去爷爷奶奶家给我大姑，说是我妈送的。大姑把袜子还给我妈的时候，我猜我妈一定想狠狠地揍我一顿吧。

我第一次下跪反省，是因为我爸做饭时给了我一块钱，让我去买葱和香菜。我出门就买了十包胡萝卜丝，转头回来了，根本没考虑过买葱的事。后来发现自己会买菜了，而且香菜很便宜，我就从我妈的皮包里翻出来五六块钱，全买了香菜堆在家里。这是我第一次偷家里的钱，被我妈一顿训斥。至于堆了满地的香菜，我妈都分给左邻右舍了。

还记得家里刚刚装上电话时,我家的号码是8889521,我就拿着电话开始打8889522、8889523、8889524……一直打到了8889529。一旦电话打通了,我就说一句话:"我是你的洋太太!"然后马上挂断。其实我也不知道"洋太太"这个词儿是从哪蹦出来的。总之,我从小就没让大人省心过。

三年级的时候,因为爸妈都忙着工作,顾不上我,他们就把我送到了大舅家,我也因此转学去了兰钢子弟小学。钢厂的家属院在东港镇,楼都被刷得通红,院子里长满了粗壮的泡桐。泡桐花开的时候,总会有很多花落在地上,拿手一挤,花蜜就从花的根部流出来了。我跟刚上初中的大表哥住在一间屋子里。大舅家养了很多热带鱼,厨房里有几个大大的鱼缸,他每周末都会去花鸟鱼市场兜售自己繁殖的热带鱼,以补贴家用,而周末却是我心心念念等待被接回家的日子。

有一次周五放学,我也不记得为什么大舅家就我一个人。我趴在窗户上,期待着我妈的身影早点出现。看到我妈出现的那一刻,我背上书包就冲下楼去,没想到又被我妈带了回来。她说周末她跟我爸都要忙工作,说了没几句话,就匆匆转身去单位上班了。

我在窗户上看着她的身影消失在楼群里,忽然一阵急躁,扔下书包就追下楼去。从东港镇到盘旋路,除了4路车,好像就只有"招手停"了。"招手停"是私人经营的中巴车。

一排"招手停"停在东港立交桥下面,我跑到最前面一辆也没有看到我妈,就徒步往盘旋路走。路程不到7公里,途中还下了一场雨,把我浑身都浇透了。等到兰州饭店见到我妈时,我的衣服已经被风吹干了。我妈拽着我的胳膊把我翻过身,朝着屁股上又是一脚。此刻,我一点也不难过,心里还暗自窃喜:你总不能把我送回去吧?因为书包没拿,那个周末的家庭作业就这样逃掉了。

过了一年,我爸又想办法把我转到离家不远的一只船小学。张振熙是我的好朋友,还有其他几个小伙伴,放学和周末我们经常一起去煤炭大院、兰州大学,还有八冶大院玩。那时候为了讨好老师,同学们经常给班主任送教鞭。我就蹲在兰州饭店的花园里,拿着小刀锯了一节手感不错的教鞭送给老师,因为我是不喜欢写作业的主儿,所以那教鞭有一次竟真的落在我手上。八冶大院有刚栽的柳树,我也劈了一节回来,拿小刀把上面的树皮削掉,弄得很光滑,拿回家爱不释手,最后也成了我妈打我的工具。想起自己干的这些事,感觉好蠢。

小时候是无忧无虑的,哪怕上了中学,同学们都在为学习成绩苦恼,我却依然闲散自在。入手一个随身听,后来有了复读机。我现在还保留着当年的 Sony 随身听,前两天拿出来试用一下,已经不能转动了。我的第一盘磁带是任贤齐的《心太软》专辑,后来听刘德华的《忘情水》、张学友的《祝福》、周杰伦的《范特西》,还有《新神雕侠侣》的原声带……一盘磁带的价格是 8 元,还是 10 元?我已经记不清了,只记得我有整整两个鞋盒的磁带。

两个月前,我跟张振熙见了一面,上次见他已经是十年前了。他的样子变化不大,我们坐在黄河边聊了两个多小时,话题就只落在某某某现在怎么样、某某某有几个孩子了、某某某还是在做以前的事情等,对各自的工作聊得并不多。其实我的工作也没什么可说的,除了卖书就是做短视频。

兰州的夏天依旧是凉爽的,尤其是黄河边。短暂的见面无非就是想见面,也再没有必须见面的第二个理由。

远方的路

W是个好女孩,我认识她的时候是在深圳。那年我二十二岁,去北京工作了三个月,回兰州休整了一个月左右,转头又去了广东。

那一年,表姐跟随表姐夫在深圳打拼,我大姑跟着他们一起生活。去深圳前,我想好先不联系他们,等自己稳定了再去见他们。

离家前,我妈塞给我6000元钱。我站在中医学院门口等公交,我妈站在楼上,从窗户里探出头来目送我。是我拒绝她出门送我的,作为男人,不能总是沉溺在母亲的爱意里而自我感动。我想当时她的心里应该是万般不舍吧。

我坐上了从兰州开往深圳的火车,历时大概37个小时。这是我第一次去往广东省。

上大学时,我因为买不到火车票,经常一张站票就往返于南京和兰州之间。去南京的车程需要17个小时,而这次的37个小时,恐怕是我人生中为数不多的几次超长行程。

我就这样孤身一人到达了深圳。记忆里下了火车是下午三点左右。我找了家小旅馆先住下来,而后在网吧查到了罗湖区人才市场的地址,又找到了一个城中村的出租屋。

第二天一早,我提着行李箱先去出租屋,以每月600元的租金租下了一个小小的二人合租的房间。租给我房子的是二房东,他说要押一付三,我就给了他2400元。等一切收拾妥当,我就直奔人才市场。2009年,深圳已经是一座远超兰州的现代化城市了,高楼林立,车水马龙,基本上不亚于北京和上海。

我在人才市场投递了几份简历,回去等通知,其实心里也是没底的。我是学计算机专业的,因为数学成绩不好,所以对于专业课基本算是放弃的状态。唯一能拿得出手的是平面设计的选修课,但也只是熟练掌握PS的操作。因此,在投递简历的时候,我选择了很多关于平面设计方面的岗位。

我在出租屋大概居住了不到半个月的时间,其间去面试了三家企业,基本就没有下文了……

随后,我拨通了大姑的电话。

"大姑,我是涛涛,我来深圳了。"

"涛涛啊,你来深圳了,你什么时候来的?"

"来了快两个星期了,我过来找工作。"

"你这个娃娃,来之前怎么不跟我说!你妈知道吗?"

"她知道。我就是想等工作稳定了再联系你。"

"那你找到工作没有?"

"还没有,但是已经投了简历,还在等通知。"

"你住在哪里?我让你姐姐过去找你。"

"我过去找你们吧。"

"不,让你姐姐过去找你。你把房子退了,先跟我们住在一起,你要有点事,我跟你爸妈也没法交代。"

大姑是个直性子人,我也拗不过她,就告诉了她地址。一个半小时左右,表姐就已经到楼下了。

我住在自建房的二楼,记忆里应该是朝北的,因为房间里没有阳光。表姐先找到二房东，一番交涉后，扣除了第一个月的房租和押金，退给我 1200 元。表姐是个很麻利的人，三两下收拾完行李，我就拎着箱子，跟着她去了南山区。

人生中珍藏在回忆里的美好，大多是十几岁到三十岁之间经历的。我刚从大学出来，急于在各处寻找安身之所，总觉得自己在未来会大展一番拳脚。去往南山区的路上路过福田区，能看到深圳博物馆，直到我即将离开深圳时才去了一次。

表姐和大姑住在六十几平方的自建出租楼上。我到的时候，表姐夫好像去外地出差了。房子是一室一厅的，我就在客厅里打了个地铺，这样凑合着过了一两周。

有一天，大姑和表姐带我去华侨城散步，那里给我的感觉就是两个字：高档。路面平整，绿树成荫。作为一个身处西北城市的小年轻，我还从没见过这样高档的小区，突然感受到我家和富人居住区的差距。走着走着看见一家餐馆，门口贴着告示，正在招聘服务员和传菜员。大姑说："你不如先试试这个工作，可以边打工边寻找自己心仪的企业，你看怎么样？"

"好，那我进去问问。"

我是个胆怯的人，做什么事之前很多时候都是蒙的，也不知道该怎样面对陌生人，尤其是在新环境里。我感觉自己的能量场是极其微弱的。即便这样，我还是硬着头皮走了进去。

"你好，请问这里是在招聘员工吗？"

此时正处在下午三点左右，餐馆里没什么客人。门口的咨客迎面而来，打开了前厅的灯。咨客穿了身朝鲜族民族服装，我记得是粉红色的裙摆。

"您稍等一下,先在这里坐会儿,我去叫店长。"

她给我倒了杯大麦茶,就去叫店长了。

过了一会儿,一位穿着黑色西装、白色衬衣的姐姐坐在我面前。

"你好,我姓金,是华侨城店的店长。你带简历了吗?"

"我今天是临时出来的,没有拿,路过这里时看到门口的招聘信息就进来了。我可以先简单介绍一下自己,如果需要,我可以带着简历再来一次。"

"没事,我这里有一张简单的表格,你先填写一下。"

她叫身边的人拿来简历表格,安静地看我填写完。

"你是大学生,你愿意从事我们这个行业吗?"

"我愿意。我的专业能力一般,跟自己专业相关的工作也不好找,如果这里有好的发展,我会一直做下去的。"

"干我们这一行很辛苦,每天要工作到很晚,等客人全部走了才能下班,你要做好心理准备。"

"好,我应该可以的。"

"今天是周四,那你下周一过来吧。我们这里提供宿舍,你最好住在宿舍,这样离上班的地方很近。这里也有员工餐。工资给你定到 3500 元,你看可以吗?"

"好的,那我下周一过来。"

对我来说,3500 元的工资已经很高了,记得大四实习时,工资也只有 800 元。而且这里还管食宿,我简直高兴坏了。

这家店是一家韩国料理店,当时在深圳有五家连锁店,经营的是朝鲜族传统餐饮。老板是朝鲜族,面试我的金店长也是朝鲜族。店里的装修很高档,也很有民族特色。当时我知道兰州最有名的韩国自助餐厅就是"三千里烧烤",开在兰州大学对面。而这家餐厅的档次,甩了"三千里烧烤"好几条街。

上班第一天,我提着行李箱就来了。金店长给我找了套工装:黑色裤子、白色衬衣、灰色带发亮条纹的马甲。我把行李箱放在储物间,被告知中午下班后有后厨的同事带我去宿舍。

上岗前先得来个员工培训。我的培训就是先熟悉上菜流程,包括怎么看单子、怎么取餐、怎么上菜、怎么端托盘等。听起来很简单的事,可是在这家餐馆,很多流程必须标准化。甚至包括餐具的摆放、上菜的方法,都有很详细的培训,这些基本上都是金店长手把手教我的。

我还要背菜单。不是简单地背下菜品价格,而是要把菜品的朝鲜语背下来。我现在还记得大酱汤和海鲜火锅怎么说,反正我当时全背下来了。有一句礼貌用语,我也不记得是什么意思了,当时运用得还挺熟练的。刚开始背这些我就很好奇,都是中国人来就餐,为什么要背这些?直到来了几波韩国客人后,我才知道原来在深圳能来这家餐厅就餐的客人,都是有一定消费能力的,因为在十几年前,这家餐馆的人均消费就达到了108元,这个数字也是金店长告诉我的。有次我还接到了用朝鲜语订餐的客人电话,我就说了句:"Please speak English."然后对面就开始跟我讲英语,当时我觉得自己简直蠢到一定境界了,还不如让他说朝鲜语呢!我驴唇不对马嘴地回了几个单词后,也没听懂对方说的是什么,就说了句:"Just a moment."然后叫金店长接电话。我都觉得自己可笑,哪来的勇气和对方说外语?

上班没两天,听说老板要过来吃饭,大家似乎都很紧张。有一个长相帅气的经理提前来到我们这家分店,好像是要跟老板谈事情。这个帅气的经理叫段涛，对我也很好，他和金店长在工作中给了我非常多的帮助。

老板是个四十来岁的女性，那是我第一次见她。她的着装很正式，所有员工对她都毕恭毕敬的，确实很有威严。

像这种时候，我一般都躲得远远的，生怕老板说这个人不行，没有眼力见儿，把我开除了。

在第一个月的工作中，我生了一场病，休息了一个星期，然后就是努力工作。做餐饮确实很辛苦，尤其是在这种高档餐厅里。听说餐厅里的筷子和盘子都是老板亲自去韩国挑选的，而且我们接待客人的手势、站姿都有严格要求。

最痛苦的就是鞋子，尤其是女生。当时女孩子们穿的是橘色连衣裙工装，扎一个白色小围裙，要求穿黑色高跟鞋，男生也要求穿黑色皮鞋。我们一天下来至少要站立八小时，工作十二个小时以上。因为每天长时间站立，所以每个人脚上都有一层厚厚的老茧，每天下班回宿舍都要做的事就是揉脚。有一次我在给客人上菜时，脚尖不小心磕到了台阶，整个皮鞋的鞋底都被撕扯下来，当时我尴尬得都想瞬间原地消失！

我最害怕的就是深圳的蟑螂。这里的蟑螂会站起来走路，跑得非常快，而且宿舍的床板里常常是"重灾区"，厨师长经常组织我们在宿舍里搞消杀。那些蟑螂大大小小、成群结队，记忆最深刻的就是有天早上六点多钟，我突然感到耳朵里有响声，第一反应就是有虫子钻进去了。我从床上弹起来，打车飞奔去医院挂了急诊。在医院兜兜转转到了耳鼻喉科，当时只有一个大夫值班。他不慌不忙地穿上白大褂，拿着镊子，用一个专用的灯在我耳朵里照了半天，最后得出结论：只是耳朵里有出血,没有看到虫子。你知道吗?当时我生怕有虫子钻进我的脑袋里,吃我的脑子。

我这个人是有点小聪明的,干活儿时总是表现得格外积极。每天下班前,大家要一起将餐厅的桌面、地面打扫干净,每个人都有自己负责的区域。只不过别人都在自己的区域干活儿时,我放下自己负责的区域,先去帮别人干,等到他们的工作完成后,就会来帮助我收拾,这样我感觉干起活儿来就会轻松很多,也会提早完成任务。也许因为我的工作方式和大学学历,两个月之后我就被调离华侨城店,去了保利城分店,升职为实习店长。

到新店以后,我认识了W。她不仅是前台的收银员,对于餐厅的工作规范也非常熟悉。W的家在江西吉安,她是个农村女孩,个头不高,眼睛很大,话不多。

因为我是实习店长,所以我可以到前台处理一些榨果汁、点单的工作,与W的接触自然就多起来。那时候老板发工资是没有规律的,好像因为资金周转问题,有时两三个月都不发工资,有时又突然在某个月全部发下来。我只当把钱存起来了,也是一个节流的好方法。

在深圳的生活很拮据,基本不会花什么钱,无非就是同事们在每天下班的路上买糖水喝,W和金店长就是我的大东家。深圳的糖水店有龟苓膏、绿豆沙、西米露、清补凉,这些对爱吃甜食的我来说是无法拒绝的,几个人的关系因此熟络起来。

W说家里给她介绍了几个相亲对象,可她不愿意回去,还想在深圳多待几年,打拼一下。这件事她跟我说了很多次,也许当时是在暗示我什么,又或者是我多想了。

有一次,一群韩国大妈来餐厅就餐。由于是下午两点以后,其他人都去休息了，我就出来服务客人。她们见我服务很热情，在就餐完后给了我几枚一元钱的硬币，说是小费。我当时明确表示老板规定不能收小费，可她们还是要给我。这件事给我的感觉非常不好，让我突然觉得自己不是在用劳动换取报酬，而是在讨好顾客伸手要钱。店门口有个存钱罐，我就把那几枚硬币放了进去。W说："很多客人的要求我们是无法拒绝的，但是尊重是自己给的。不收小费，是因为我们不是靠别人施舍而活着的人。"

我在深圳体验过一次台风过境，不是破坏力很强的那种。我第一次听到有生以来最大的雷声，那雷声似乎要把楼劈开。打雷时所有的门窗都跟着震动起来，真的很吓人。

那时候我脱发很严重，每天起床枕头上都沾满了掉落的黑发。W的故事还没有讲完，因为一段简单的相遇，我们又给了自己重启缘分的机会，但是计划好的见面，也变成了最后的记忆。

总是有一些不安

在深圳的第三个月,我妈从兰州专程来看我。她穿了件黑色的风衣,见我时风尘仆仆。虽然分别没多久,但见到她的那一刻,我还是想哭。

前些日子回家,我妈已经看不到我了,她的左眼只有一点光感。我在爸妈家总是待不长时间,我知道自己有时间,可是我的心里是慌张的。我总想着要赶稿子,总想着要拍视频,总想着要去见朋友,总想着要去办那些办不完的事……

我妈总是问些我都不知道如何回答的问题:"你吃了没有?""吃的什么?""又跟朋友出去吃饭了吗?是谁请的客?你要省着点花钱。""最近书卖得怎么样?"……

每一个问题后只能给出同一个答案:"挺好的,你不用操心。要慢慢来,都是朋友帮忙。你要把自己的身体照顾好。"

我不知道该如何跟父母谈论工作。在我眼里,我爸是技术工人,算是个小老板,妈妈是服务员,每天都是家长里短的。谈论起工作,谈论起社会,他们的答案总是简单的。

"你做的事,我跟你妈也不懂。你要把身体调理好。再去住院,我跟你妈也照顾不了你了。"

"我现在睡得很好,只要睡好就不会再住进去了。"

说这句话的时候,我是没有底气的,因为自己还会经常失眠,有压力，可又不知道压力来源于何处。

因为我妈来深圳看我，我就向段总请了一个星期的假。我妈想带我去厦门，我们就坐了去广州转厦门的列车。到了厦门，我第一次见到 BRT 公交系统。

我们去了鼓浪屿。在鼓浪屿，我记得有一家私人展出的奇特博物馆。我看到了放在玻璃罩子里的美人鱼干尸，也许是真的吧；还有在宫崎骏作品中出现的龙猫，原来世界上真的有这种动物；四条腿的鸡，四个翅膀的鸽子……再就是有很多卖茶叶的商铺。回到厦门市区，我们住进了一家商务宾馆，卫生条件一般。当时下了一场大雨，我也想不起来为什么我淋了雨，只记得浑身湿透了，发了一场高烧。我们在宾馆住了两天，直到我退烧。因为发烧，我妈给我买了一件黑色的羽绒马甲。

那两天，我都没有出门，记得很清楚的是宾馆里有老鼠。要走的那天早晨，地上莫名其妙地多出来一个鸡腿，真是匪夷所思。

除了鼓浪屿，我们几乎哪里都没去。分别的时候是在厦门。我妈送我上火车后，自己买了张机票飞回兰州了。

很多时候，我总是莫名其妙地回忆起过去的事。每当想起我妈的身体状况，我就不想说话。我不知道她会在哪一天突然离开我。今年七月从北京回家，她说自己很虚弱，可能陪不了我很久。我只当这是她失明后的抑郁情绪带来的胡言乱语，可眼泪还是控制不住地流下来。我很庆幸她已经看不到我的泪水了。我说："虽然你离开我，你会舍不得，可是你能见到自己的爸爸妈妈了，不也是一件好事吗？"听我这么说，她大声哭了出来。本来是想让她心里好过一点，就这样吧，如果哭出来能好受些……或许我真的不会跟她沟通。

此刻，我的心情沉入了墨蓝色的湖里，压抑并且难以呼吸。

每次内心虚弱的时候，身体都会感觉到软弱无力。我想接着动笔写文稿，似乎脑袋也不怎么运作了，于是今天成了我躺平的一天。

我有点累，但自己也说不出来今天为什么莫名地有些嗜睡。昨天晚上十点半准时入睡，今天早上四点钟感到一阵心悸，突然醒来。看了半个小时手机，我一把将毛毛拽到怀里，把头埋进它的毛里，不知不觉又睡了过去。

前天，我坐在黄河边发了很长时间的呆，看着黄河水似箭一般流淌，也不知它为何流得那么快，以至于连泥沙都来不及沉淀。

再往前推一天，我跟朋友约了一起吃饭，因为堵车她们晚到了半小时，我就在天桥上走了两圈。原来还有人在天桥上摆地摊啊。我看见了很漂亮的拖鞋，但也只是看一看，让我去穿是绝无可能的。

听说人是有三魂六魄的，今早起来感觉自己总是发呆，不能集中精力。我喝了两杯拿铁，又泡了杯红茶，带着保温杯就出门了。

我牵着毛毛，选了一条远一点，但略显安静的路去我爸妈家。路上阳光很好，我就脱了外套拿在手里。偶然一瞥，看到树下有一株超大的龙葵，上面结满了小小的、黑色的果实。我站在那儿吃了好一阵子，真甜。原来龙葵果实是这个季节的美味。

到了我爸妈家，家里没人，打了两遍电话也没人接，我就坐在小院里待着。好吧，既然见不到人，我就拔几棵菜带回去吧。

两个萝卜、四棵上海青，还有两个西红柿和一些生菜。这些菜我可以吃两天，不然明天再去买两个土豆回来煮一煮。一切都是岁月静好的样子。

可是直到此刻，我已经很久没跟人开口说话了。这是我的常态，我已经可以做到基本不需要跟别人沟通了，也不知道该跟谁沟通……

"毛毛，走，下楼带你去遛弯儿。"

毛毛最近发情，站在有狗狗的地方就不愿意走。要是两年前，我多少要给它屁股上来两脚，现在我不管三七二十一，就是拽着绳子往前走。

感觉我的衰老是迅速的，内心没有了朝气。前天喝酒，朋友说："你怎么带我来这种地方？这是老年人来的地方。"我带他喝酒去了家黄酒馆子，不过没有座位，就由他来决定，最后还是喝了鸡尾酒。我依然喜欢金汤力，他来了杯长岛冰茶……

由于我出生的时候体重过大，所以我总是把我妈身体不好的缘由归咎于这点。

记忆总在不经意间再次出现

过了一段时间，表姐和表姐夫去南宁工作，问我愿不愿意一起去，可以跟着表姐夫学一些招标文件的制作。我确定当时是怯懦主导了我的决定，想着待在亲人身边总归是有点安全感的。现在回想起来，年轻时的很多次失败多是因为缺少坚持。我的内心里还是害怕孤单的，不相信自己，所以总是在迷茫中徘徊，总想着有一天爱情和事业的好运会降临到我的头上，只是时间没到。就这样兜兜转转，十几年过去了。对依旧普普通通的我来说，如果能早点面对孤单，可能早已完成了事业和财富的积累。

记得在南宁时，我记忆最深刻的就是小区楼下有一棵木瓜树，我就盼着那树上的木瓜早点成熟。最终，在我离开广西的时候，它还是没有一丝变化。

我每天围着南湖跑一圈。那个湖是长方形的。有一次，我看到有人在集中打捞里面的鱼，应该是人工养殖的。我在南宁没有什么朋友，唯一能说得上话的就是表姐和表姐夫。他们经常带我去邕江边，邕江很漂亮，墨绿色，宽阔，平静……经常会看到有人在邕江边钓鱼。

南宁的电动车和摩托车很多，可以说是"超级大军"。南宁有两轮车专用车道，很宽。南宁的空气湿度也很大，每次表姐拖地都会拖出来半桶水，听说这种天气现象叫回南天，简直太夸张了。表姐夫几乎每天都会带我去吃一次广西的米粉，吃得最多的就是螺蛳粉了，虽然有点臭,但还蛮好吃的。螺蛳粉里可以放很多配料,随便加,我喜欢加点油渣和豇豆丁。

表姐夫是个戴眼镜的胖子,他的微信名叫"大胖"。我刚到南宁的时候,跟随他们一起搬家,要从小一点的出租屋搬去 100 多平方米的大房子里,当然也是租来的。不过好在这次不像在深圳的时候了,我们一起住在小区里。表姐夫是四川人,给我的感觉就是笨笨的,不太喜欢说话,但他却是个爱学习的人。他跟我表姐认识,是因为他们在一个单位共事过。还记得搬家的时候,表姐夫采取的策略就是用他的小电动车一点一点地搬,因为也没什么大件家具,搬家过程持续了将近一个月。

那几年,他跟我表姐也是四处奔波,从一个城市到另外一个城市,最后在乌鲁木齐安家,买了属于自己的房子。现在,他们在乌鲁木齐已经定居有十年了。

我真的是个病种,因为当时身体不好,大姑和家里的一致意见都是让我先回兰州。上次见到表姐是在兰州,她那时候满脸都是黑斑,肤色很不均匀,原因是去年患了脑膜炎,住进了 ICU。

听我妈说,小时候我穿的一些衣服都是表姐穿过的。我现在还保留着一张儿时穿喇叭裤的照片,那条喇叭裤就是她的。她从小皮肤就不白,导致我的小外甥也是黑黑的。我妈给我讲过一个关于她的故事,就是在我们都很小的时候,在爷爷家吃饭,她把米饭粒吃到桌子上了,爷爷就很生气,对着她大声呵斥,甚至把她的头按在桌子上让她吃。我妈觉得爷爷做得有些过分,就责怪爷爷怎么能这样对待自己的外孙女。用我妈的话说,爷爷很偏心,一是因为表姐是外孙女,二是因为她是女孩。爷爷还是比较疼爱我们堂兄弟三人的。

我离开南宁的时候，表姐刚刚怀孕。大概过了一年，我跟爸妈计划出门旅游，刚好小外甥出生不久。我们决定将行程定在广西，买了去往桂林的飞机票。结束桂林的行程后，我们就坐大巴到了南宁。当时表姐夫已经买了轿车，刚考了驾照。小外甥的皮肤黝黑，浑身起满了疹子，说是过敏性体质，最后筛查出来是对麸质过敏。表姐夫开着车，载我们去邕江边的公园。南方的植物长得真好，在西北很多只能在花盆里见到，而邕江边的绿化植物，都是我们在家里呵护备至、价格还不低的高档花卉。就算是开满南宁街巷的三角梅，在兰州也必须种到花盆里。

对南宁还有两个记忆深刻的地方，一个是五象广场，一个是邓颖超故居。

我在南宁时的照片看这里

表姐是幼儿师范毕业的，刚毕业时来兰州闯荡，在我家住过一段时间。跟表姐夫在一起后，他们就开始四处奔波。到了乌鲁木齐后，表姐一直是幼儿园的园长，我还是很羡慕她的，每天能够跟孩子们在一起，简单又快乐。也有不好的地方，就是小孩子真的很让人操心。虽然我还是蛮喜欢小孩子的，但是只有一个小时的喜欢，如果要我哄孩子睡觉、操心尿布、陪他们做游戏，我绝对没有耐心。

表姐还是个高度近视。在我的印象里，小时候她的眼镜是带着光圈的，眼镜片超级厚。大姑一家生活在平凉，就是黄帝问道出家的崆峒山脚下。上小学的时候，有两次暑假我都被送去她家。有段时间大姑和姑父都在平凉的安口镇工作，大姑是安口陶瓷厂的工人，姑父在电厂工作。那里有很多采煤的车，掉落的煤渣散落在道路两旁。镇子旁边有一条浅浅的溪流格外清澈，我和表姐经常在溪流里泡着解暑。溪流的一侧是座山，山上有很多蟋蟀，搬开石头就能捉到好几只。第一次去她家时，他们住在平房里，大姑非常喜欢搞卫生，那时还不流行铺瓷砖，平房的地面都是水泥铺的，毫不夸张地说，大姑硬生生地把地面拖成了反光的，能照出人影来。

从平房背后穿过去的小路通往溪流边。那里有个小门，过了小门有一片小小的菜园，都是职工家属开垦出来的。那时我跟表姐在傍晚回家吃饭前，总是顺两把香菜和豆角，大人们也不会批评我们，因为各家种的菜不一样，居民都会互相取用。大姑家院子里有一面库房的外墙，红砖上爬满了爬山虎，甚为壮观。

第二次去，他们住进了楼房。姑父养了一只小狗，白色的，毛长长的，像是一团小绣球。姑父经常给它吃花生米，还告诉我要把花生米嚼碎喂给它，要不然不消化，吃进去的是花生米，拉出来的也是花生米。姑父有一台迷你黑白小电视，他要求我每天写一篇日记，或者完成一些暑假作业，就能看一个小时的电视。那时候我还追剧，也不记得是哪个电视台播放的香港 TVB 的《陀枪师姐》。小时候，我是真不爱学习，也不喜欢写日记，每天就记着怎么玩了。

有一次，表姐带我去安口陶瓷厂找大姑，那是我第一次看到陶瓷制品的加工厂。厂房里有很多会转的圆盘，光线不怎么好，厂房门口有一个残次品倾倒处。我跟表姐就像发现了宝藏似的，尤其是我。我在里面挑挑拣拣，掏出来一个黑色的酒壶，还有几个配套的酒杯，简直喜欢得不得了。它们的质量还不错，怎么就被淘汰了呢？也许我喜欢陶瓷制品和杯子，就是在那时埋下的种子吧。这套酒具我也不知道把玩了多久，后来忽然找不到了。我妈对我提起大姑的工作，说大姑每天不按照陶瓷厂的上班时间去干活儿，而是每天早上五六点就去单位干活儿，早早地把自己的工作任务完成了，然后下午一两点就回家了。这导致她在单位也没混上个一官半职，因为同事总觉得她这个人不服从管理，但是又拿她没办法。现在想起来，我大姑应该是个陶瓷制作高手吧。

我好像听大姑说过一次，这份工作是在她插队后分配到的。刚去安口时，是我爷爷开卡车送她过去的。如果是这样，表姐跟她的命运也是非常相似的。

在深圳的时候，大姑告诉我，表姐刚毕业时之所以来兰州，是因为她被分配到了一个非常偏远的大山里，坐长途车要很久，下了车还要步行一两个小时才能到她上班的学校。大姑实在不忍心把她留在那里，就放弃了那份工作。

姑父知道我喜欢吃大白兔奶糖，每次赶集都会给我买一点回来。我从小就是个对牛奶高度依赖的人，什么奶制品、冰激凌，我都是很难抗拒的。直到现在，我还是把牛奶当作水一样来喝，每天都要喝上一两斤。

前年，我开车回兰州时路过平凉，就去看望大姑一家。十几年前姑父退休后，他们就迁居到平凉市区了。他家住在四楼，没有电梯，家里依旧格外整洁。大姑的身体一向很好，但是姑父患有糖尿病，伴有长期的心脑血管疾病。大姑告诉我，有一次她去新疆帮表姐带孩子，姑父突发心肌梗死，一个人扶着墙把自己送进了ICU，幸好医院就在家旁边。

大姑给我包了饺子。我睡过午觉，下午就出发回兰州了。

山野里的生活

"庆涛，明天带你去山里看看。"

进了山，穿过废弃的古老平房，就看到了大片的山楂林，红彤彤的山楂像一颗颗珊瑚珠落在枯叶当中。

"今年山楂卖不了多少钱，因为市场价格不好，所以也没什么人来捡。不过你看，这些树底下的草在天热的时候就已经被割掉了，山里的农户每年都会为捡山楂提前做好准备。快看，这个叫糖李子，也叫酸丁子。"嘉婧姐说着便向我介绍起野果来。

嘉婧姐和她的妹妹林子带着我深入了秋冬的山林里。晚秋的怀柔山里还是很冷的，我们去的前一天刚下过今年的第一场雪。满山的野果受冻后变得沙甜，我那天至少吃了五个品种。来到一处小溪旁，我打了一茶壶水，嘉婧姐和林子正忙着拍摄品牌方寄来的产品宣传广告。我提着茶壶向前走了一段路，见到一块平坦的大石头，就坐下来等她们忙完过来煮茶。

这是我第三次见到嘉婧姐。第一次见面是在我从腾冲去往辽宁的路上。

大理的天气真的很奇特。我本来没打算在大理停留，可是当我看到美丽的丁达尔效应出现在洱海上空时，还是决定在这里待两天再走。

这就是我眼前的洱海
我在这里停留了两天

在洱海东岸的一片小树林里,有几辆车停在那里露营。我带着毛毛,推着露营车找了个僻静的地方扎营,晚上支起洗澡帐篷,拿便携热水器用洱海的湖水洗了个澡。洗完澡,我沏了一壶茶水,坐在洱海边发呆。夜晚的洱海并不宁静,有人趁着夜色拿着手电筒在湖边走来走去,他们正在寻找晚上爬到岸边觅食的小龙虾。

毛毛听见有人在帐篷外走动就抬起脑袋大叫,想必这大半夜的,把路过的人也吓得不轻吧。在野外睡觉,虽然有时会受到打扰而醒来,可总归是睡得很踏实。睡在帐篷里,手机我都懒得碰一下,天色一暗,就日落而息了。

第二天一早,六点多钟天已渐亮,光线透过天幕投射到帐篷里。毛毛用爪子抠着帐篷的出口,它要上厕所了。在户外睡觉,每天早上醒来,帐篷上都会凝结很多露水,只要稍稍一晃动,露水就会掉落到被子上。我出门虽然带着睡袋,却觉得睡袋不舒服,所以只有在天气极寒的时候才会拿出来用。我总是带着自己家里的被子和枕头,枕头我喜欢荞皮的,其他的都睡不惯。因此,我的车上总是塞得满满当当的。

我穿上长腿棉袜,从帐篷里爬出来,又裹上羽绒衣,叫上毛毛,沿着洱海边散步。走了不到50米,有只小狗朝着毛毛跑过来,像是一只未出月的马犬。

"多吉，多吉！"它的主人在呼唤它。一个女生坐在车顶帐篷里，望向我们这边。小狗听到主人的声音跑了回去，我带着毛毛继续散步。

让我感到奇怪的是，洱海虽然是个内陆淡水湖泊，但是岸边有很多被冲上来的海螺和贝壳，这也许是它的名字中有"海"字的另一层原因吧。

云南的自然环境真舒适，不冷也不热的气候，不湿也不干的空气，不高也不低的海拔……避开旅游景点，消费也不是很高。可是如果想长居在这里，并不是很现实的想法。我不想住在海边，却想象着自己能有这么一片湖泊。

晨起的雾气很快就被吹散了，阳光已经破出云层，直射在我的脸上。

回去的路上，小马犬的主人已经在做早饭了。原来是两个女生，一个短发，戴着眼镜，一个长发，穿一身黑衣服。长发的那个女生就是嘉婧姐。

小狗又跑到了我的脚边，我探身问道："它是小马犬吗？"

"朋友送我的时候说是马犬，应该是吧。"嘉婧姐回话道。

"你们在做早饭啊。"我说完这句话又后悔了，她可能觉得我是想蹭顿饭吧。

"是啊，煎了鸡蛋。你要过来一起吃吗？"

"不了，我还没有洗脸刷牙，我先回去了。"

自从不用上班后，我早上起来是不会先洗脸刷牙的，我经常是吃完早饭才去做这些事。晚上本来就刷了牙，一晚上什么都没干，为什么第二天一早要做重复的事情呢？脸洗不洗也无所谓，反正也没人看我，尤其是在野外，你要是看到我刚从帐篷里爬出来的那一刻，可能真会觉得我是个拾荒者。

住了两晚，第三天要出发了。我收拾好装备，拿着打包好的垃圾袋准备上车，迎面遇上了嘉婧姐。

"你要走了吗？"

"嗯，是的。"

"你打算去哪里？是要回家吗？"

"不，我要去东北。"

"我是辽宁人。你去东北干什么？是去玩吗？我看你的车牌号是甘肃的。"

"也不单纯是去玩，是因为工作。我在做一个关于抗战系列的短视频，准备去东北考察和了解一下伪满时期的抗战历史。"

"那你路上要注意安全。我家现在住在北京，要是来北京可以来找我。"

"嗯，那我们留下联系方式。如果你们还要去别处，可以去腾冲转转，那边有很多温泉。我刚从那里回来。"

"好的。"

告别了嘉婧姐，我带着毛毛直奔高速路入口。快上高速时，突然想起来刚打包的垃圾因为聊天落在车尾了，于是赶紧给她发去第一条信息："哈喽，不好意思哈，刚认识就有事要麻烦你。我刚走的时候把一袋垃圾遗忘在停车的地方了，你们走的时候能不能帮我带出去？"

"你走了我就看见了，会收的。不用客气。"

"谢谢你。"

这一别就是一年零两个月。

今年六月底，因为新书进厂印刷，我提前到北京拍摄一些宣传视频。刚发了视频，我就收到了她的信息。

"你来北京了？"

"嗯，来忙一些工作。"

"能待几天？"

"7月11日走。你最近忙吗？"

"我在山里清修，劈柴喂马，归隐山林。阁下要是能光临寒舍，我荣幸之至。"

"哈哈，好。周末要是不忙，我一定过去找你。我可以带上我的朋友吗？"

"当然可以。我备好酒菜，这里有几间客房，你来了随便住，感受一下北京的山村。"

随后，她发了两匹马的视频给我看。

嘉婧姐的喂马生活
这也太酷了吧

就这样，在一个空闲的周末，我跟伟子如约而至。

到了嘉婧姐山里的小院，我见到了她的爸爸妈妈。

"这是糖豆，这是福宝，这是多吉……"

她把家里的成员一一介绍了一遍，也包括这些小狗。

阿姨给我们做了一大桌子菜，主菜是小鸡炖蘑菇，还有一条鱼。

"庆涛，那个水管里是泉水，你渴了直接喝。"

她这是在跟我炫耀自己的神仙生活吗？我默默地拿着水杯，走到水管边上接了一大杯，咕咚了好几口，真是甘洌。

"多吉怎么变成小土狗了？我还以为它是只马犬。"

"当初我朋友买它送给我的时候，就是当作马犬买的，谁知道长大后变成这样了。不过没关系，怎么都成。"

"又被人骗了，不过它小时候的样子确实很难分辨。"

嘉婧姐从厨房里拿出来一瓶被发黄的蜡纸包着的白酒。

"庆涛，今天喝这瓶。这是我甘肃的朋友带给我的，是庆阳的酒。"

"啊？我从甘肃跑到北京喝甘肃的酒，像是反客为主了。"

那天我们聊到很晚，三个人喝了一斤酒。怀柔山里的夜空满是繁星。我每次喝了酒就开始嘚吧嘚吧嘚，伟子和嘉婧姐就一直听我在那里高谈阔论。只有嘉婧姐陪我喝到最后，因为伟子没喝两杯就满脸通红，回房睡去了。

阿姨听说我知道东北的酸汤子，第二天一早就在厨房里忙活了。嘉婧姐带我和伟子去看她经常睡吊床的秘密基地，一群狗子跑在我们前面带路。

"庆涛，你看这里视野怎么样？"

阳光穿透山谷，对面的山峰如刀刃一般。村落中偶尔升起几缕炊烟，崭新的公路盘绕在谷底。偶尔有老鸹掠过，或有一两只隼盘旋在头顶。狗子们在追逐打闹。

"这不是做玻璃叶饼的橡子树吗？"

"是的，你还知道玻璃叶饼啊？"

"哈哈，那次去东北，有个阿姨做给我吃的。"

山谷静成了一幅画，我们站在山头眺望着这一切。

我不是看起来那么坚强

再次来到嘉婧姐这里,已经是十月末了。因为伟子在北京上班,周四不能请假,我就带着青稞酒和早上去菜市场买的羊腿,一个人先行来到了"婧四爷的小院"。

"婧四爷"是嘉婧姐的网名。听这名字,如果安在女生身上,恐怕很难找到男朋友吧,毕竟这会让男性思考一下到底是谁保护谁的问题。"婧四爷的小院"也被她刻在了自家小院门头的牌匾上。因为林业局要求,两匹马已经不在了,只留下马厩和马槽。

婧四爷有个挎子,就停在废弃的马厩里。有段时间她一个人带着狗子,沿着边境线穿越阿里地区,谁知路上出了车祸,一条腿被撞骨折了。挎子的横梁也是在推行几十公里无人区后焊接上的。

想想这件事,我都觉得害怕。一个人,一条狗,骑着辆摩托车,风雨无阻。为什么要做这件事?

一进门,我看见一个大辫子女孩,就开口说道:"你怎么瘦了?也黑了。"

"啊,你是庆涛吧。我叫林子。我姐去镇子上买菜了,快进来坐。"

"啊?你俩长得好像啊,我都没认出来!"

"我们姐妹七个呢,我姐是老四,我是老五。"

"你们姐妹有七个啊?"

"是啊。中间的那个房间是你的,我姐已经收拾出来了。你可以先把东西放进去。"

"好。这是羊肉，可能需要放冰箱里。周末等伟子来，我们一起烤羊肉。这是伟子在武当山专门买的花生糖。"说着，我先把手里的东西提进厨房，随后收拾好车上的行李，拿进房间。

林子泡好茶叫我坐下，聊了一会儿，嘉婧姐就回来了。

"庆涛，你来了啊。前段时间我说给你寄点我自己采的蘑菇，你不要。我都给你留着呢，等下给你做小鸡炖蘑菇，走的时候给你爸妈也带点。都是野生蘑菇，带回去尝尝。"

虽然我嘴上客气着，但对于蘑菇，我是没有抵抗力的，我非常喜欢吃蘑菇。因为吃蘑菇，有一次差点把自己毒死。那是在林芝的时候，当时开着车由东向西快到波密了，有一个行者驿站，是专门给过路人安营扎寨的地方。驿站靠着山，山上有很多松树。那次，我采了很多牛肝菌，但是因为都长老了，所以有很多飞蝇的幼虫，实在是吃不下去。我有一本《蘑菇大全》，外出经常带着，以辨识看到的蘑菇有毒无毒。除了牛肝菌，那里还生长着很多白伞似的超大蘑菇，闻起来香气扑鼻。我采回来和书上对比，发现它跟其中一种很像。我随身带着固体的酥油，因为路上颠簸不会洒出来，而且用它煎蘑菇非常香。我把它们用油煎熟以后，就放在一起炖了一锅。炖着炖着，汤变成了蓝色，我尝了一口，也没啥大问题，正准备吃第二口呢，忽然感觉嘴皮和舌头都麻了。我就蹲在那里，看着一锅毒蘑菇，心想：可惜！可惜！如果那天我的理智没有战胜想吃蘑菇的欲望，估计我已经被送去抢救了。

"这种是松茸，这种是红菇……"嘉婧姐拿起自己晾晒在大竹簸箕里的干蘑菇给我看。

我闻了闻,赞叹道:"真香啊!等会儿就能吃了吗?"

"嗯,做小鸡炖蘑菇。你跟林子先聊会儿。"

她到厨房张罗起来。山村里的老房子虽然被重新改造装修了,但她还是保留了土灶。往灶膛里填了柴火,盖上锅盖,蒸汽已经外溢出来了。

"这个糖还挺好吃的。"林子打开一盒伟子买的糖,配着新泡的茶。

"看上去是棉花糖加了花生和其他配料。伟子买了三大包,我们从湖北开到北京,他一饿就吃这个,我让他少吃点他也不听。景区门口推销的人硬往游客手里塞,好夸张啊,走一段路出来,就吃饱了。"

"这样吃糖也不好。你过来喝茶,坐在这里晒会儿太阳。"林子唤我过去。

我坐在侧面,面对着南方。听说我也在做短视频,林子给我看她在蒙古国旅行的视频记录,三五人围坐在火堆旁,拉着马头琴,喝着马奶酒,轻声歌唱,推杯换盏……

开饭了。哈哈,我期盼了很久,因为从伟子家开车到这里需要三个小时,我从早上九点多出发,在市区里绕了好久把伟子送到单位,又慢慢悠悠地从市区开出来,到这里已经是下午一点多了。过了饭点,我也没好意思提吃饭的事。

"庆涛,这是我朋友前段时间来我家酿的甜米酒,我给你盛点尝尝。"嘉婧姐说着拿了两个杯子出来,递给林子。

"这也太好喝了!"我虽然不胜酒量,但是馋酒,尤其是这种甜甜的、感觉喝不醉的粮食酒。

"好喝你就多喝一点。"

没过三杯,我已经开始烧脸了。这一晚,天一黑我就回房间倒头睡了。

这里简直是治愈失眠的秘密基地,上次来我就发现了,只是只有一晚,没能好好睡上一觉。这次来,我可以安心地睡上几天了。第二天,她俩就带着我进山徒步了四五个小时,也就是看到山楂林的那天。

周末,伟子开车也来到了"睡眠基地"。

翌日,我们吃了顿烤羊肉。晚上,林子一个人在堂屋看书,嘉婧姐、伟子和我围坐在我房间的炕桌旁讲鬼故事。

也许是因为年纪,我们都不会再因为鬼故事中的惊悚片段而感到害怕了,更多的是会发出惊叹:"啊?会有这种事?应该是有的。"然后再分享自己经历的怪诞故事。

随着年龄的增长,不信的事也慢慢地开始相信;曾经坚定的想法也变得不那么坚定;很多事都会抱着看到的、听到的不是事物的整体,都带有片面化的想法。我也不再轻易反对别人,而是说:"哦,原来有这种事。"

我们看待事物都具有片面性,谁都站不到宇宙的制高点上。列夫·托尔斯泰有句名言:"多么伟大的作家,也不过是在书写他的片面而已。"

上次分别的时候,嘉婧姐开车把我们送到了云梦仙境景区,山门口有一尊鬼谷子骑青牛的雕塑。到了一家农家乐,嘉婧姐停下车招呼我们进去。

"前面就是密云水库了,带你们来吃鱼。"

谈话间,说到各自的工作,嘉婧姐湿了眼眶。

"庆涛,这几年公司也做不下去了,一睁眼全都是法院的传票,心理压力好大……"她欲言又止。

我跟伟子也帮不上什么忙，此时只能做倾听者。

我们这一代人大都是独生子女，很少见家里有七个孩子的。嘉婧姐说在东北农村，家里总要有个儿子延续香火。那时候她家邻居因为生出来的是女儿，还有过继给别人家的。虽然她的父母也想要儿子，但始终坚持自己抚养七个女孩。

因为家里的孩子多，所以生活很艰苦。每个姐妹之间年龄相差两岁。小时候她就有一个信念，长大以后一定要独立！对于婚姻，父母认为只要她活得开心、自在就好，没有非要成家这样的想法。

"我们姐妹之中，有三个是从事旅游行业的，整天满世界地飞。好在爸妈都很开明，从来不约束我们。2016年，我去了土耳其。那时候土耳其的政局不稳定，一下飞机就遇到了暴乱，但我妈只说要让我注意安全，从来不会说让我别去的话。"

可能因为家庭环境的因素，嘉婧姐的性格有点像男孩子，如果有姐妹受到欺负，她总会出头去跟男孩子们打架。

"这个世界上有很多人是戴着有色眼镜跟你交朋友的，他们要看你的家庭条件、看你的工作、看你的收入，还会嘲笑你贫穷，见不得你好。"

小时候家里很穷，每次交学费都是嘉婧姐最痛苦的事。因为知道父母本身就很难，所以她每次都拖到不得不交的时候才跟家里讲。每年七个姐妹的新衣服都是很大一笔开销，所以都是妈妈亲手做的。在城市里生活的80后，是很难感受到这一点的。她跟70后的朋友很聊得来，是因为大家有更多的感同身受。

小时候的生活对她来说是一种创伤。那时候家里很难吃到大米，她经常带着玉米面饽饽去上学。上学的路上有一条河，河上有一座吊桥。她每天随便找个方便袋，装着玉米面饽饽就匆忙赶到学校，开课前来不及吃，等下课吃的时候，就会遭到拿着白面馒头的同学嘲笑。有一次忘记吃，玉米面饽饽落在课桌里，等换座位的时候，同学握着玉米面饽饽满教室地疯传，还说："你看她家吃的都是什么？"大家都在起哄，嘲笑她的贫穷。正因为这样，她平时根本没有心思好好读书，总想帮家里多分担一些农活。爸爸有绘画的手艺，经常帮别人家画棺材上的花纹，可以贴补一些家用。

嘉婧姐毕业后留在沈阳，在一家书店打零工。后来到了北京，她才开始接触到旅游行业。

"'嘉婧，明天你不用来了，你可能不太适合这份工作。'听到这话时，我受到了很大的打击。虽然我每天工作都很认真，努力打扫卫生，认真完成任务，但还是被辞退了。那时候想在沈阳找一份正儿八经的工作，学历是非常重要的。没有学历一切都免谈，所以我就参加自学考试。好不容易才找到一份书店的工作，又要辞退我。我一瞬间就愣了，像个傻子一样站在那里。如果失去这份工作，我就没有了收入，没法生活，所以快下班的时候，我鼓足勇气去找店长。店长告诉我，我要向客人推荐书籍和音像产品，可带我的那个女孩什么都没有跟我讲过，我什么都不知道，就是干一些杂七杂八的活儿。我哭着跟店长说自己可以更努力，她看我很诚恳，就又给了我一次机会。"

那天下班，她自己一个人去公园，边哭边想，觉得自己什么也不是，甚至深刻地质疑自己：为什么要让我降生到这个世界上？为什么要经历这些苦难？那天晚上是她第一次失眠。上学的时候，学习成绩不好，在老师、同学、亲戚眼里什么都不行，想努力工作，又被否定了,这就是她在二十岁时的感受。

从那天开始,她的性格发生了巨大的改变。她开始改变自己不愿意说话的性格,改变自己做事的方式,改变跟别人说话的态度。因为业绩比较好,一个月后她就被调任去了总部,第二个月晋升为店长,也是当时整个单位最年轻的店长。

刚做店长的时候,她因为太年轻,再加上来单位时间不久,受到老员工的排挤,有很多人都不服气。后来,在她的管理下,书店的运营、陈列、销售各个方面都得到提升,她也慢慢地得到了大家的认可,推进工作就顺利了很多。

"这就是我在这份工作中得到的一点点骄傲。后来到了北京,换了两三份工作,因为我妹妹从事旅游行业,我也就跟着她从事了旅游工作。"

嘉婧姐从一名导游开始做起,在一家旅游公司干到了高管的职位。因为老板娘总是怀疑她跟老板的关系,她不得已离开了那家企业。她说自己问心无愧,因为自己的业务能力强,支撑着那家企业的主要业绩。等她离开没多久,那家企业的业绩下滑得很厉害,就撑不住了。而她自己,也开始走上了创业之路。

离开稳定的工作,就要独自面对这个社会。人必须往前走,不能停下来。刚开始,她在淘宝上做电商,卖旅游产品,后来逐步加入途牛、去哪儿、马蜂窝、携程旅行这些平台。最终,她的辛苦经营换来了回报,这些平台每年都会给她颁发很多奖项,慢慢地就走上了创业这条路。

"做事业一定要知道自己坚持的是什么,知道该放弃哪些,朝着哪个方向走才能把事做成、做好。不过,首先要解决温饱问题,让自己的基本物质需求得到满足。再就是自己做老板，一定不能拖欠员工的工资或者欠客户钱，这样才能赢得信誉，他们才会踏踏实实地跟着你干。我培养的员工，有些已经自己创业了，虽然跟我在业务上有竞争，但我希望他们好，至少说明我培养的人都是有能力的。"

那晚我们聊了很多，她在创业的路上还经历过员工的集体离职，这些都已经成为她走过的路。她有一段不痛不痒的恋情，我还是想写出来。原因是这个世界上有很多人即便是爱我们的，但他们爱的也许只是我们身上的光环，任何时候我们都要懂得去爱一个人的灵魂，如果没有这样的灵魂伴侣，那就选择爱自己，永远不要将就。

"虽然我妈很开明，但结婚这件事是我爸的一个心病。我想那就找个男朋友吧。"

嘉婧姐认识一个大姐，大姐觉得她人不错，就想给她介绍个男朋友。就这样，她认识了J。J在河北某市有一份正式工作，也不知道她是公司的老板，只知道她是企业的高管。

两个人聊得很好，进展很快，都觉得对方不错。因为有一份正式工作，J是有点小傲娇的。有一次，两人相约去北戴河，恰巧嘉婧姐的车在4S店维修，J就开车去嘉婧姐家里接她。因为是别墅区，J感到非常惊讶，对嘉婧姐的态度也发生了很大的转变，变得非常殷勤。

"我觉得两个人交往，更应该看重对方的内心，看重对方这个人，而不是物质条件。后来我过生日的时候，他去了一次我的公司，跟前台聊天时聊到我，而且看到了我们的营业执照，整个人对我的态度发生了巨大的变化，简直可以用'谄媚'来形容。我突然觉得这个人好恶心，就不想再跟他走下去了，但这时我还没有表现出来。直到有一次，我准备换个手机，让他陪我去逛逛。我也没想让他付款，我自己完全可以负担。只是在马上交钱的时刻，他竟然假装去外面接电话了。那次分开以后，我就直接把他的联系方式删除了，这个人就在我的世界里消失了。"

第二天一早，我已经收拾好行李，想打声招呼就上路了。我敲了敲她的卧室窗户，想着说一声就走。

"庆涛，你不能走，最起码你得吃完早饭，况且我晾的干蘑菇还没有给你装呢！"

"我想早点走，夜里就到兰州了。已经打扰你很久了。"

"不不不，我这就去给你做饭。"

嘉婧姐说着，连脸都没洗就冲进了厨房。她们姐妹俩让我冬天再来，可是我肯定去不了了，因为此刻我正在书写这些文字。当时我留下一首诗，发在了账号里。

相别

风雨屏障升

暗影枯山柔

三两树下捡秋实

长溪峰岭秀迎松

秋未尽，寒不远

不辞长作燕山魂

山一重，水一重

山水重重路不穷

刚才点开朋友圈，看到嘉婧姐去蒙古国骑驯鹿的宣传视频，我觉得她好酷、好坚毅、好厉害……好美！我好羡慕。

要回兰州了，伟子开着他的车送我到张家口，两人共住一晚。第二天，我就起程返回兰州了，途经内蒙古乌海市，看到了位于甘德尔山巅的世界上最大的一座成吉思汗塑像。1500公里的路程，我驾车行驶了三天。第一天和第二天总共行驶了500公里，最后一天则一口气开出了1000公里。

原本打算在怀柔山脚下多停留几日，我想，那或许会是我最后一次享用烤羊肉了。

我庆幸自己在离开职场后，选择了一条能够自由支配时间的道路。我庆幸自己可以自主安排工作，庆幸自己正在做自己想做的事。

近日我都没有再吃肉，这是我在包头起床后做出的决定。我读到了药王孙思邈《大医精诚》中的一句话："夫杀生求生，去生更远。"以往也有多次想要戒掉荤食，奈何总是抵挡不住诱惑，这次我会尽力坚持下去。

我决定不吃肉，并非仅仅出于健康考虑，更多的是觉得动物与人在求生本能上并无二致，都渴望活着。生命对我来说只有一次，我珍惜自己的生命，动物又何尝不是呢？这只是我个人的决定，我不想劝说任何人与我一致。

小时候，我也曾亲手杀过鱼。后来，有朋友送我一条人工养殖的大鲵，它在水盆里哭叫了两天，我爸也下不去手，于是我驱车400公里前往秦岭将它放生。我吃肉有一条铁律：除了菜市场常见的鸡鸭鱼牛羊猪蟹虾蚌，其余一概不食。自幼如此，后来住院时由于气血不足，我吃了一段时间鸽子肉。

我也不确定这种"善"究竟是对是错，心中的不忍确实是自然而然产生的，并非刻意模仿他人。我想还是遵从内心为好。两千多年前，孟子说："君子之于禽兽也，见其生，不忍见其死；闻其声，不忍食其肉。是以君子远庖厨也。"

我并不想把自己标榜为君子。自从常常离家后，家中连植物都不见了。后来乖乖也离开了我，我便下定决心，不再让新的生命出现在我身边，因为我会为这些生命的离去感到痛苦和不忍。

做自己一直想做却始终未能做的事，坚持自己一直在做的事，做别人不认同但自己坚信的事。正如我们必须活着，正如活着就要勇敢做自己。哪怕自己退缩，哪怕自己反悔，若不去做，又怎能知道你就是你自己呢？

第五章
Chapter 05

朋友圈

如今，信息像雪花一样在我们眼前飘落，社交网络已经成为生活中不可或缺的一部分，而微信作为其中的佼佼者，承载了我们大量的社交关系。我的微信朋友圈，就像一扇敞开的门，没有任何标签分组的限制。这意味着每一个在我好友列表里的人，都能够看到我发布的每一条朋友圈信息，而每一个点赞、每一条评论都会被共同的好友看到。

然而，当我偶尔回顾自己的朋友圈时，常常感到乏味无趣。仔细想想，里面的内容无外乎是我制作的短视频、旅途中邂逅的美景、品尝过的美食，以及与朋友们的合影。它起到了记录和分享的作用，但日复一日，对观看者来说未免显得单调。

今天，我特意查看了一下微信通讯录，里面有941个人，手机通讯录里更是多达1008人。这庞大的数字令我感到惊讶：我真的认识这么多人吗？实际上，真正与我有紧密联系的，可能只有几个人。在这长长的名单里，人员构成复杂多样，有因工作业务往来而结识的合作伙伴，有房产中介，有陪伴我度过美好时光的朋友，有相伴的亲人，有一起度过青葱岁月的同学，还有曾经在生命中留下印记的恋人……过去，我从来没有想过要删除通讯录里的任何人，总觉得与每个人相识都是一种缘分，或许在某个不经意的瞬间，我们还会重新产生交集。但从上个月开始，我改变了想法，决定对通讯录进行一次清理。

如果在我的通讯录中有这样一个人,我甚至都不知道他(她)的真实姓名。也许是我粗心忘记了备注,也许对方从一开始就不想让我知道。对于这样的人,我会选择删除。还有些人,多年来在朋友圈如同隐形人一般,我从未见过他们的动态,然而最近,当我在某些场合逐渐走向公众视野时,他们的朋友圈却突然对我开放了。这种突如其来的"关注"让我觉得有些异样,我也会选择删除。另外,有些人我刚加上不久,却突然发现他们对我关闭了朋友圈,还让我清楚地知道这一限制只针对我。这种明显的区别对待者,我也会毫不犹豫地删除。更有甚者,在朋友圈中表现出的一些行为让我十分不适,比如毫无节制地炫富,通过刻意展示物质财富来寻求关注,有这种做法的人,我同样会将其删除。

不过,我也不是非得追求完美。对于一些情况,我还是能够接受的。比如那些经常发广告的人,虽然他们的信息会占据我的手机内存,但我理解这是他们工作的一部分。还有那些喜欢信息轰炸的人,或许他们只是热情过度。甚至是那些单纯喜欢在朋友圈分享自己的生活,却从不给我点赞、评论的人,我也觉得并无大碍。毕竟,每个人都有自己的社交方式。

总结起来,我的原则就是:一旦我察觉到你对我不够真诚、不够坦率,那你就没有必要继续留在我的通讯录里了。所以,如果有空,我准备对这些所谓的"人脉"进行一次大规模的清理。

如今,当人们谈及自己的通讯录时,往往会简单地将其视为自己背后的"资源"。在现代人的思维模式中,"资源"这个概念已经和人脉、人际关系网画上了等号。人们热衷于积累大量的联系人,认为这是一种财富,可以在未来的某个时刻为自己带来机遇或帮助。

但我想说的是,朋友与"资源"是有本质区别的。如果你是我的朋友,那么请不要让我在茫茫人海中找不到你的身影,请让我知道你是谁。朋友之间,应该是相互熟悉、相互了解的,而不是一个模糊的头像和一串陌生的字母。如果你是我的朋友,请让我知道你的近况。无论是快乐还是悲伤,无论是成功还是挫折,我都希望能够与你共同分享。因为真正的朋友,是彼此生活的参与者,而不是旁观者。如果你是我的朋友,请让我知道我们还有见面的可能性。那种期待重逢的心情,是友谊中最美好的部分。<u>即使相隔万里,只要心中有再次相见的憧憬,友谊就不会因距离而褪色。</u>如果你是我的朋友,请记得你说过要见我的话。承诺是友谊的基石,哪怕只是一句简单的"有空见个面",也承载着我们对彼此的珍视。如果你是我的朋友,请让我记住你。不是因为你有多少财富,也不是因为你有多大的权势,而是因为我们之间真挚的情感。因为你不是我的"资源",你是我的朋友,是我生命中宝贵的存在。

孔子曾经说过,有益的朋友有三种:正直的朋友、诚实守信的朋友、见识广博的朋友。有害的朋友也有三种:奉承的朋友、谄媚的朋友、圆滑强辩的朋友。正直的朋友就像一盏灯,在我们迷茫时指引正确的方向;诚实守信的朋友是我们可以信赖的港湾,无论何时何地,他们的话语都如同契约般可靠;见识广博的朋友则能为我们打开一扇通往新世界的窗户,让我们领略到更广阔的天地。而奉承、谄媚、圆滑强辩的朋友,往往在不知不觉中把我们引入歧途,让我们迷失自我。

孔子还说,乐于节制行为、乐于称道别人的长处、乐于结交贤能之人是有益的；喜欢骄奢淫逸、喜欢游荡无度、喜欢宴请饮酒之人是有害的。懂得节制的人，能够掌控自己的生活，不被欲望驱使；善于发现别人优点的人，心中充满阳光，能够营造良好的人际关系；乐于结交贤能的人，则能够不断提升自己。相反，骄奢淫逸让人沉溺于物质享受，逐渐失去自我；游荡无度浪费了宝贵的时间和精力；过度热衷于宴请饮酒，则可能陷入不良的社交圈。

接下来，我们将进入正式环节。在这本书里，我要向大家介绍我的几个朋友。这里没有特定的排序原则，也没有身份等级的划分，一切都是随机、随缘的。我会根据自己的经历，向你讲述我见到、采访到的朋友的故事。这些故事或许能让你看到他们的生活面貌，感受到情谊是什么样的。希望他们讲述的故事，能引起你对自己朋友圈的思考。在这个纷繁复杂的社交圈里，我们应该珍惜那些真正的朋友，同时也要学会甄别那些虚假的关系。

陪伴、接纳、倾听、欣赏、鼓掌……
这是我喜欢的几首歌
我把这些从记忆里整理出来的文字
连同歌曲一起送给你
我会不断添加喜欢的歌曲进去
把我的影子留在你身边
愿你不再感到孤寂、失落和无助

这是一场亲友的聚会

我觉得最近遇到的人都对我很好,大家都像亲人一样关心我,这让我感到开心。自从脱离群体,自己工作后,我感觉完全进入到一个友善的世界。

那晚给尹阿姨打电话,电话不通,我猜想她在飞机上,于是给她发了信息留言,不到一小时电话就回过来了。尹阿姨比我妈妈还要大一岁,满头银发。她年轻时从辽宁丹东来到甘肃创业,解决了无数个就业岗位;做慈善,仅仅给甘肃东乡一个县的捐款捐物就价值300多万元。看了她的百度资料,我不禁感叹自己的弱小。

"孩儿啊,我24号要去湖南参加一个非常重要的会议,不能参加你的图书发布活动了,你一定要理解我,这个消息是我上飞机前一个小时才知道的。我还没来得及告诉你,没想到你就给我发信息了。我真的很遗憾,我很想去。"

"没关系,您的工作肯定比我的事重要很多,您忙……"话音还未落,她抢过话:"你的工作我一定要支持!你的书我都认真看了,我很为你的情怀感动。我跟陈总交代好,让他明早联系你,配合你的工作……"又说了几句,便匆匆挂了电话,此时的她已在嘉峪关了。

第二天一早,我就接到了海龙的电话:"张老师,昨晚尹总给我打电话,让我联系你,我想太晚了,这会儿给你打来电话,我们一定会配合你把这次宣传工作做好。我们可以在现场提供一些水果,让大家尝一尝我们兰州的好水果……"等谈妥具体的细节后,就挂了电话,我去洗了个澡。洗澡时我决定去趟红古,正好帮他们宣传刚刚上市的葡萄,因为之前他们引种的"美早"樱桃惊艳到了我,品质一流。没承想驱车见海龙的路上追尾了前车,连续两辆。好在他们都没有为难我,我连续道了歉,拍了照片,报了保险后就出发办事了。

见到海龙,我们在食堂吃了个浆水面。在去种植园的路上,他告诉我:"我们的水果很好卖,每次都被订购一空,不过都是渠道商直接批发。兰州市民可能都不知道我们的水果,所以我们一直在想办法宣传,也一直想把网络销路打开……"说话间,他手里一直在安排工作,忙着葡萄装车的事。看来是我想多了,以为自己会因此帮助到别人,没想到我只是锦上添花的人。海龙明明已经做得够好了,但还要做得更好,甚至告诉我还要建设人才孵化园等。听了这些,我总觉得自己还不够忙碌。

陈海龙皮肤黝黑,一看就是每天忙碌于田间地头的 CEO,并不是整天坐在办公室开会的领导。前面吃饭时,他上了一盘黑树莓,我说我想买一箱送给邓明老师。"不要你钱,哪能收你的钱,你能来我都很高兴!"

他比我小几个月,临夏小伙儿,黝黑的皮肤掩不住他俊朗的外表。拍完视频,他说剪一串葡萄给我带上。我就硬着头皮说:"能再给我一串吗?我想让邓明老师尝尝。""没问题啊!"哈哈,今天有些厚脸皮了。告别了海龙,在回兰州的路上我联系了国权,中午已经跟他沟通了希望他能够出席这次活动,没想到我话一出口他就答应下来。我驾车直奔邓老师家,这时已经是下午六点钟了。我将海龙给我的水果转赠给邓老师一份。邓老师拉我坐下说话,师母说:"我总是给你的视频点赞。"看到我，老两口喜笑颜开。邓老师询问我的收入如何，"没有工作单位的话，一定要给自己把养老保险买上。"我请他一定放心。

因为第二天要去新华书店见主管活动的老师，我本来跟沛珂约好拍摄宣传片的事就不能赴约了。沛珂在电话里说："没关系，你录一段音频，我用他们以前的拍摄素材给你制作。"她用毛笔写了《大河两岸 岁月兰州》的书法作品给我。那时，我正坐在电脑前修改活动流程，银滩泽华小学的代老师又发来了孩子们录制《大河两岸 岁月兰州》的系列讲解视频让我看，随后又收到了王哥的信息："庆涛，我准备了100瓶酸奶，明天现场你可以送给嘉宾。"容阿姨发信息给我："怎么又在写文章告诉大家你生病的事？这样不好。"伟子打电话："汤圆和大美工作很忙，24号的票要退掉了，要忙着绘本纸张的事，不能来兰州支持你了，你要理解她们……"杨哥在微信里说："今天我去给你作个报道……"我爸知道我又把车撞了，第二通电话里已经没有了责备，他说："你把车开到厂里吧……"旭斌说："明天早上十点是吧，我一定去给你捧场！"忠良收到我的信息也说会来，还有付雄、高老师、邻居阿姨……这是我写文章用省略号最多的一次……因为有些帮助我的人……有些事……我都不知道该用怎样的文字来表示感谢！谢谢你们……这是在《大河两岸 岁月兰州》新书签售会的前夕。

选择面向阳光的向日葵

鑫姐用以定义自己的植物——向日葵。就在刚刚,我们结束了视频电话。挂断电话后,我给她发信息,问了最后一个问题:"若用一种植物代表你,你觉得是什么?"

"向日葵。"她紧接着发了一个向日葵的表情包,随后说道:"我最喜欢阳光灿烂的天气,有太阳就充满朝气。你呢?"

"我想成为马兰花,庇佑那些蛇虫鼠蚁。不过目前,我觉得能代表我的是莲,'出淤泥而不染,濯清涟而不妖',它带着一丝高傲。"

"有这个意思。"

结束对话后,时间已至晚上十点四十五分,我们之前的视频电话竟持续了两个多小时。

10月27日,鑫姐特意为我安排了一场兰州电视台的直播访谈节目——"大河力量 与沐泽川对话"。就在我准备动笔之时,她把采访提纲发给了我,让我看看是否有需要补充或删减之处。

她给我的提纲包含八个主题,不难看出是精心策划而成的。而且她是在晚上下班后七点三十五分发给我的,我猜想,这是她利用下班路上及晚饭后的闲暇时间撰写的。仅这一细节,便足以看出她善于利用零碎时间处理工作。

我与鑫姐的初次相遇,是在参加"中国式现代化的万千气象"网络名人甘肃行活动的时候。当时,在黄河楼上,她正在采访受邀宣传兰州的网络名人。我看到她的第一眼,只觉得十分面熟,却一时想不起在哪里见过,也许是因为她经常出镜,被我偶然看到过。

第二天,在黄河游轮观夜景的活动中,我们再次遇见。她身旁有个空位,我便坐了过去。

"姐,你是哪个媒体的?"

"兰州电视台的。"

那天的情景已经过去许久,她工作时的样子我却记得很清楚。后来,我们聊了很多,话题大多围绕兰州的历史人文,聊着聊着都忘了时间。

"我写了一本关于兰州的书,能加你微信吗?等书出版了,我送你一本。"我当时是有些小心思的,希望能借助媒体的力量宣传我的书。

再次见到她已是七月下旬。那时,我刚从北京回来,第一批《大河两岸 岁月兰州》印刷完成,我在电子工业出版社的库房里直播签售了三天,之后又前往三里屯的中信书店做了一次活动。回来休整几天后,我们约定在东方红广场见面,我要亲手把书送给她。原本打算一起吃饭,可那天她工作繁忙,我们在国芳百货楼下匆匆见了面。整个对话时长不足五分钟,加之道路拥堵,我把书交给她后,便匆忙驾车离开了。

8月24日,甘肃新华书店要在兰州举办书展,出版社与我沟通后,我决定参加此次活动,希望借此机会在书展上发售新书。于是,我给兰州的许多朋友发了活动信息,邀请他们来为我捧场,以免届时场面冷清尴尬。我也给鑫姐发了信息,她欣然应允。

我给她发信息的初衷和对其他朋友一样,只是想让她来凑个人数。毕竟我们相识不久,见面次数也不多,让她利用工作之便报道我，我着实有些难为情，甚至感觉有攀附之嫌。然而，令我意想不到的是，她不仅来了，还带来一件精美的鸡蛋雕刻工艺品和她妈妈亲手书写的书法书签。事后，她还在自己负责的节目中对我的这次活动进行了报道。

鑫姐主创了一个网络节目账号——《有吃有玩 徐徐道来》，节目主题丰富多样，不仅涵盖兰州的新闻热点，还涉及文化、非遗传承、美食、旅游等诸多领域。

每次见到她，最让我印象深刻的便是她的耳朵。她的耳朵上不仅戴着耳环、耳机，还贴着膏药。因此，在刚才通话时，我忍不住问她："你耳朵上怎么总是戴着这么多东西？除了耳机，我特别好奇你为什么要在耳朵上贴膏药。"

"这是为了养生呢。贴膏药主要是因为耳朵上有穴位，可以缓解腰痛，以及脊椎问题带来的不适。最主要的是，我是一个崇尚中医的人，而且我还在练习'八部金刚功'。中国这么多年传承下来的传统文化，值得我们去学习。"

听到她提及中医和传统文化，我顿时来了兴致。我本就是个表达欲很强的人，逮到机会就想把自己那点浅薄的认知分享给对方。

"中医和道家思想紧密相连，实际上，阴阳辩证的思想观念是离不开太极两仪图的……"

我滔滔不绝地讲述了大概二十分钟，阐述我对道家思想的理解。随后，我问她毕业于哪所学校。

"兰州大学，大学学的是艺术设计专业。我小学在东郊，初一、初二在七中，初三在五中，高中在三中。"

"哈哈哈哈，真是太巧了，我小学一、二年级在东岗西路二小，三年级在兰钢小学，后来去了一只船，初中在陇大，高中在七中。咱们也算是半个校友呢。"

"那你转学次数还挺多的。"

"你不也一样嘛。你是兰州人吗？"

"我祖籍是山东菏泽，爷爷奶奶在支援大西北的时候来到了兰州。我爸在兰州出生，我也是在兰州长大的。"

"那我们可真是老乡了。我上次去河南濮阳的台前县，那里是我爷爷的老家，那个县城以前是山东省的寿张县，六几年的时候，县城南部被划归到了河南省。我奶奶是山东临沂平邑县人。"

"临沂不就是琅琊吗？"

"哇，鑫姐，你知识真渊博，这都知道。那你当时是怎么进入电视台工作的？"

"那时候有统配名额，再加上机缘巧合。我妈妈以前就在电视台工作，我从小就特别羡慕那些主持人。不过，你知道除了主持人这个职业，我还喜欢哪两个职业吗？"

"你肯定想当老师。"

"你猜得真准，我想当幼师。毕业后我还考了幼师资质。不过还有一个，你能猜到吗？"

"是医生吗？"

"不是，我想去动物园当饲养员。"

"那你认识霍然姐姐吗？"

"哈哈，认识呀，我们以前是同事，她从电视台离职后去了动物园。"

"兰州真的很小。自从今年我为了卖书开始社交，发现身边的人都互相认识。加了微信后，经常能看到朋友们互相点赞。你认识海洋公园的苏国权吗？"

"我俩认识，经常在朋友圈互动，之前也去海洋公园拍摄过。不过，我们没当面聊过，他总是很忙。"

"嗯，我也是，总是见不到他。他是个很简单的人，上次我去海洋公园，看到他一直在和那些小动物说话，霍然也是这样。海洋公园有一匹小矮马和苏国权关系特别好，它超级可爱，你下次去的时候一定要留意一下。好了，我是在采访你呢，话题又跑偏了。你在工作中遇到过什么困境吗？"

"说到这个，我得感谢我们台长，他就像我的伯乐，基本上放手让我去做事。"

"那你有工作任务吗？"

"多数时间我的工作都是自主安排的，台里没有给我很大压力。我也常跟工作组的同事说，做事要开开心心。很多时候，比如帮别人做宣传，业内通常会收取制作费和外出的车马费，但我告诉他们，在如今的市场环境和自媒体蓬勃发展的时代，我们要在工作过程中找寻人生的价值和快乐。即便赚钱不多，甚至没有收入，我们也能接触到形形色色的人，领略不同的文化和知识，一次采访就可以当作一次团建或者观摩学习，同样是一种收获，所以工作氛围很重要。"

"那你身边有没有对工作不满意、抱怨较多的人呢？"

"有啊，每当听到他们抱怨，我就会说：'请让你的负能量离我远一点。'很多时候，事情的发展并不会如我们所愿，预期目标也不是每次都能达成，关键在于埋头做事的过程。虽然累，但快乐着。在工作中，要发挥自己的想象力和创造力，有时候赶上生理期，或者在

35℃的高温下外出作业，也要坚持完成任务。我们不能让自己的心感到疲惫，心态决定工作状态。"

"我觉得抱怨多是因为被物欲控制，我们还是要降低物欲。物质欲望是无穷无尽的，永远无法满足。"

"或许是这样吧，欲壑难填嘛。我常说，我们比上不足，比下有余，重要的不是和别人比较，而是和以前的自己比较，只要有进步就好。在日常生活中，我不需要什么奢侈品，只要能买到想吃的甜食、想穿的漂亮衣服，我就已经心满意足了。在工作上，只要不让别人觉得自己是个混混就行。"

"混混"在兰州话中特指那些整日在街上无所事事的人，一般多用于形容男性。鑫姐这样描述自己，让我觉得她骨子里有着一种豪爽性格。

这时，鑫姐的儿子凑到了视频前。

"快跟叔叔打个招呼。"

"叔叔好。"

"你好，下次叔叔见到你，给你讲故事。你在写作业吗？"

"嗯，是的。"

"鑫姐，你儿子多大了？"

"今年十二岁了。"

"我们聊了工作，现在聊聊家庭生活和你的感情吧。"

"我很早就放下感情方面的事情了，我对现在的生活非常满意，也觉得很幸福。"

"你是说你已经过了情关吗？"

"嗯，大二的时候就放下这个问题了。我觉得除了工作，对我来说最重要的就是儿子了，我希望家人都健健康康的。十年前，我还经常和朋友出去聚会，但现在我更喜欢独处，做一些自己喜欢的事，比如练字、安排工作、陪伴孩子写作业，这样的生活很简单。现在和朋友见面，我有压力，不太喜欢应酬。"

"好像大多数人都不太喜欢应酬。"

"不是的，还是有喜欢应酬的人。"

"可能和年龄有关吧，多数喜欢应酬的人也是为了社交。"

"很多人和你交往，都带有很强的目的性。"

"那你有没有觉得我和你交往也是为了让你帮我宣传书，也是有目的的呢？"

"哈哈哈哈，没有，每次不都是我主动找你的嘛。你写书不也是为了宣传兰州吗？这是我们共同的目标。"

"写作这个行业，赚稿费很辛苦，但我就是想好好宣传一下兰州。目前，我们对兰州的宣传陷入了瓶颈，总是围绕着某几个点，比如官方和自媒体平台都在宣传中山桥、牛肉面、羊皮筏子，反复提及。但我们忽略了一个重要的问题，就是没有将兰州的特色文化置于中华文化的大背景下来宣传。这样单独宣传，外地人很难有深刻的感触，只是来体验一下就走了。而且对于传统文化、民俗历史这部分内容，也没有和整体的历史背景相结合。比如黄河铁桥就和清末新政有关。"

"这确实是个问题。在宣传方面，我们需要花费更多心思，目前同质化现象太严重了。兰州有很多特色美食，它们也和整个中华文化背景息息相关。庆涛，你知道我最喜欢吃什么吗？我最喜欢吃烤羊肉了，每次离开兰州再回来，我都特别想吃。"

"我也是，不过我喜欢的不只是烤羊肉。那你喜欢烤羊肉里的哪种呢？"

"油包腰！"

"哈哈哈哈，跟我一样。我还喜欢烤羊筋，就是那种肉筋，里面油脂丰富，吃起来特别香！你确实是一个热爱兰州的姐姐。"

"一个人如果连自己的家乡都不热爱，那他就像无根之木。"

"好像我身边的朋友都对自己的家乡有着深厚的感情。就像你在我上次签书活动现场见到的伟子，他就说还是他们房山好。我倒是觉得北京气候太干燥，人又多，我不太习惯，我还是更喜欢兰州。快十点了，我们再聊一会儿就结束对话吧。"

"好的。我给你看看我养的两只鹦鹉。"

在视频的另一端，她先是把一只蓝色的小鹦鹉举到镜头前，然后将鹦鹉贴在自己的脸上，接着又拿起一只花羽鹦鹉给我看。从她的举动中可以看出，她是一个真正喜爱小动物的人。

"它们一只叫吉祥，一只叫如意。"

"我也很喜欢小动物。之前我养了两只小狗，后来其中一只因为乳腺癌去世了，另一只在我爸妈那儿。我现在不敢在家里养宠物了，因为我实在无法接受它们会离开我的事实。以前我每次外出，都要麻烦邻居阿姨帮忙浇花，让爸妈帮忙照顾小狗，我实在是没有精力兼顾。你在工作上有遇到什么困难吗？比如工作瓶颈之类的问题？"

"有啊，像选题策划、创意这些方面都有困难。在工作中，我们既要对项目负责，又要照顾同事的感受，说话要注意分寸。单位同事都说我是氛围组组长，说我是'浓人'。"

"什么是'浓人'？我不太理解。"

"'浓人'和'淡人'是网络上的一种说法,'浓人'就是那种生活得轰轰烈烈、浓墨重彩的人,'淡人'则是清心寡欲的人。还有一种类似的说法是'E人'和'I人','E人'就是'社交牛人','I人'就是'社交恐惧者'。我就属于'E人',"E"是 Extravert,代表外倾型人格;"I"是 Introvert,代表内倾型人格。"

"你还挺前卫的,我都不知道这些。"

"反正我们不要活在别人的眼光里,要勇敢做自己。快乐是自己的,不是做给别人看的。"

"太晚了,你早点休息,今天的对话就到这儿吧。"

"嗯,好,你也早点休息。"

在采访鑫姐之前,她在微信上给我发了一段话:"你要采访我,记得写'我认识一个姐姐,她是个二百九,为什么这么说呢?就是她有时候有点二百五,有时候有点三八,有时候还有点二。但总的来说,她是一个善良热情,能给人带来温暖和力量的人'。"

我答应了她,要把这段话写进来。这段话看似有些搞笑,其实饱含着她对自己的期望,这就是她对自己的要求。虽然有时她觉得社交麻烦,更多时候喜欢独处,但她还是希望别人能看到她阳光向上的一面。她要成为一朵向日葵,始终面向阳光,日复一日,绽放出灿烂的笑脸,享受阳光的温暖。

椰子里有一包水

"我想当向日葵！"

"向日葵已经有人当了。为什么要当向日葵？"

"因为向日葵不仅能给自己带来温暖，还能把温暖带给身边的人。"

这是我和晶子姐结束对话后，我补充问题的答案。

晶子姐忙着去楼下招呼客人，在下楼梯时跟我说了两句。我心里想：你就做"椰子"吧。

认识晶子姐是在一次聚会上，当时她被安排在我的旁边坐下。那次是一个饺子宴，大家坐在一起包饺子。我包了两个，他们就让我从后厨出来，出来后晶子姐就坐在我旁边陪我聊天。

互相介绍以后，晶子姐就跟我说："你有时间一定要来我店里做客，我是做服装和珠宝生意的。"

我每次喝醉酒，都特别爱说话，就是想说给别人听。我对她印象深刻，是因为她比我说得还多。留在我记忆里最多的就是她一直在跟我说她的女儿。她拿出手机把女儿的画作展示给我看。那是用中性笔白描出来的佛像，在我这个外行看来，那不像是十几岁孩子画出来的，我能想到用以形容的词就是"传神"。

签售那天，我发了邀请给我的亲朋好友，其中也包括晶子姐。

"庆涛，周末我跟你雯雯姐她们一起过去，给你撑场面。"

"欢迎你们来！"

签售会上，晶子姐带上了女儿刊登在《兰州日报》上的一则短文。因为人太多，我只能匆匆说了句："你女儿真优秀。"

再见面就是在北京了。当时我从郴州驾车去往北京，伟子与我同行。我们快到北京的时候，接到了她拨过来的视频电话。

"庆涛，我在北京宋庄。我把你的书送给了本心老师，你看她这里的工作室，品位非常高。"然后就把手机镜头转向了周围的环境。接着，本心老师在视频里向我打招呼，说很高兴能够收到我的新书。

"你在北京啊，我也快到北京了。要是有时间，我们在北京见一面。"

"好啊，刚好到宋庄来，我介绍你与本心老师认识。"

"我今晚到，明天时间确定了我跟你沟通。"

到了北京，我住在伟子家。第二天一早，伟子去单位上班。我们把见面时间定在了周二的下午。

在宋庄会面后，晶子姐又请我和伟子吃了烤鸭。聊天中得知，她的籍贯是天津，也是在支援大西北的时候，祖父带着一家人来到了兰州。她说买了好几本我的书送给身边的朋友。她来北京一是看一下女儿学习绘画的情况，二是料理生意上的事。

晶子姐、雯雯姐和可盈姐三个人是好姐妹，回到兰州后，我想采访她们，地点约在了晶子姐的服装店里。

服装店面积并不大，在永昌路粮食局附近，装修得很别致。一楼是服装展示区和试衣间，二楼有一个小茶室，屋内摆放的是各式珠宝。

她带我上二楼，先把自家的小猫抱出来给我看，然后就坐下泡茶。这时雯雯姐和可盈姐还没到。

"晶子姐，你是把大女儿送到本心老师那里上课吗？"

"不不不，是因为学校在那附近。有一次跟我老公溜达进去，看见本心老师设计的玉雕都很别致，就多聊了两句，感觉很投缘，就这样认识了。后来再见面，就专门带上你的书送给她了。"

"哦，我以为本心老师不仅精通玉雕，还在办美术学校。"

"就是碰上了，很聊得来。你看她设计的玉石，各种各样，款式很特别。不是那种传统的样子，都是不太规则的形状，异形的，很独特。"

"嗯，是这样。你经营服装生意，是在网上进货吗？"

"不是，我都是去深圳、香港那边，看好以后直接用顺丰发回来，有的时候也会用京东的快递。我这里的产品不是工厂货，都是设计师款，网上是买不到的。那边的老板都互相认识，我全部都买好后放在一家，然后集中打包、发货，服装生意都干了二十几年了。"

"现在房租贵吗？"

"这两年便宜点了，不过生意也不如前几年好。现在一个月的支出，算上员工工资大概也就一万五六千元吧。以前我每年要去深圳、香港十几次，现在就去个五六次。香港那边有日本货、意大利货，大多是进口的。"

"你是从什么时候开始干珠宝生意的？"

"干珠宝生意，主要是因为我爸爸。他一向就喜欢收藏品、古玩这些，我大概就是从 2008 年到 2010 年这段时间干起来的。刚开始就是从水晶、玛瑙这些石头起步，后来开始做月光石、太阳石。然后慢慢地就接触到一些高端的玉石，比如和田玉、翡翠、红珊瑚，另外还有手镯、镶嵌宝石这一类。因为客户的消费习惯也是慢慢培养出来的，所以我的客户也开始逐渐接受这些商品了。比如日本的阿卡红珊瑚、意大利的沙丁，我这里都有。"

"你现在的工作还顺心吗？"

"现在我还是比较舒心的。我是甘肃省幼儿师范学校毕业的，以前在机关单位的幼儿园上班，后来幼儿园解散了，我被调到办公室工作，当时加班比较多，很累。我想来想去，还是要选择一件自己喜欢做的事，就这样自己出来干了。"

这时有顾客来，晶子姐就暂时下楼招呼客人了。雯雯姐来了，我就跟雯雯姐聊了会儿天。等顾客离开后，晶子姐上楼，我们继续聊天。

"你跟雯雯姐、可盈姐为什么能成为朋友？"

"主要是三观合吧，家庭背景也比较像，能聊到一起。再就是人品、家庭教育各方面的原因吧。我现在的生意能够维持，也是因为很多顾客都跟我处成了朋友。我做生意就是一个高价低利润的模式，因为进价本身就不低，一件进价快四百元的衣服，我也就卖个五百元出头，有时遇上老顾客，再便宜点我也卖呢。一件皮衣进价三千八九百元，我就加价一千五百元左右，跟我同样的衣服，有的同行直接卖到了七千多元。因为这种事，同行都会生我的气，但是我觉得这是我能承受的，能卖出去就成。价格标太高我自己的内心有点承受不了，只有这样才能把生意沉淀下来。很多顾客都是刚开始在我这里买衣服，后来就在我这里买珠宝。她们也不看证书，就是信任我。你看我的营业执照，是有珠宝经营许可的。"

晶子姐说着，就把营业执照拿到我面前展示。

"不用看，我肯定相信你说的。"

"在我这里不可能有假货，因为那样就把自己的招牌砸了。你宰客一次，客人就不会再来了，而且口碑也会变坏。我还是注重品质的，利润可以压缩一点，你利润太高，别人也不傻，就是生意慢慢地做，因为日子还长嘛。有的时候不开张，店员也会跟我抱怨，但我自己并不会因为这些而烦恼。因为你抱怨多，负能量就多，也起不到任何作用。前两年因为特殊原因，有十几个月没有营业，还好有一些老客户为了照顾我的生意买我的珠宝，还把我推荐给他们的朋友。"

"那你珠宝的进货渠道呢？是在哪些地方？"

"有些老物件，我就要跑展会。各地的展会，比如成都、杭州呀。这种展会每年各地都会办，全国有很多，我就到处跑。大家就是聚在一起交流、交换，也可以买卖。"

"还可以交换吗？"

"就是互相一看对方的玩意儿都不错，大致价格差不多，商量好就不给钱了，互相交换，这样很方便。各个行业都有各个行业的特色，我还觉得挺有趣的。"

"你老公是做什么的？"

"我老公在保险公司当个小领导，他是2004年跟着他以前的领导从太原调动到兰州的。他那个领导知道我在机关单位上班，就介绍我们认识了。后来，那个领导去了沈阳，又去了北京。要不是跟我结婚，估计我老公就去北京了。不过我公公以前就在北京，是部队的，后来非要回老家，就去了太原。"

"我记得你说老家在天津，家里人都留在北京工作。"

"我爸是跟着我爷爷来的兰州，家里的姑姑、姐姐都在北京。我爸当时一下火车就跟我爷爷抱怨。"晶子姐说着就模仿起天津话，还原他爸爸跟爷爷的抱怨，"介（这）是嘛啊，介（这）地方不好啊，没有小洋楼啊！"

听了晶子姐的天津话，我不禁笑出声来。

晶子姐继续说道："那时候我爸初中刚毕业，过来上高中。当时支援大西北，把油漆厂从天津迁过来了，就是西北永新油漆厂。一厂的人全是天津人，到厂区就像是到了天津，大家都说天津话，就是现在东部后门那块。爷爷奶奶共有六个孩子，其中五个姑娘，只有我爸一个男孩。一家八口人，就这么来到了西北。我的姥爷是只身从河南到兰州来的，当时在废品回收公司上班，然后陆陆续续地把家里的亲戚们都安置了过来。姥爷在铁路局的何家庄买的院子，大概就在五中附近。他在兰州娶的我姥姥，我姥姥是安徽人。我妈在兰州出生，她和我爸是在敦煌插队的时候认识的。兰州就是个移民城市，所以我从小就不太会讲兰州话，说不了那么标准。"

"你现在抚养两个女儿，压力大吗？"

"我大女儿十七岁了，现在在北京学画画。她画得很好，在兰州同龄人之间可以说没有对手。但是到了北京，高手云集，她的压力就大起来了。至于老二，为了让她在三十五中上学，我们又在广场附近买了学区房。"

"将来你是想让她们都去北京上学吗？"

"老大想考中央美术学院，这是她现在的培训方向，将来还要参加校考。中央美术学院是她的最高目标，不过太难了，那不是一般人能进去的。天赋、学习能力、成绩，一样都不能差。"说着，她又拿出了女儿的画作，素描的人物肖像着实很传神。

"他爸爸现在也给孩子很多鼓励，他跟女儿说：'以前在兰州你没有对手，现在在北京，身边的人给你压力，这些人都是高人，他们会增强你内心的力量。不要因为暂时的落后就停止前进的脚步,抬头看看星空明月,每一个清风朝阳,都是上天给你的礼物。'"

晶子姐把这段微信记录拿给我看。看得出来,孩子的爸爸是个颇具才情的人。

"'自从到了北京,你从备受打击到经历沧桑历练,这些都要咬牙挺过去,一份平和尽在其中,这就是我娃要经历的。在这个过程中,你的心态会发生变化,从浮躁到深沉,从剑拔弩张到风和日丽。你就一直这样卷,卷着卷着你就学会了自己长大。卷着卷着,你敏感的内心就会越来越强大。'我老公给孩子很多鸡汤式的鼓励,小作文写得不错。如果考不上中央美术学院,我们就选择北京舞蹈学院的相关专业或者去中央戏剧学院。就像戏曲服装设计、舞台设计、灯光这些都是可以选择去学的。再就是四川大学或者师大,这些学校的美术教育也可以。孩子说她不想复读,所以等到参加完这些专业课校考和联考,我就要把重点放在我娃的文化课的补习上。如果专业课成绩不错,能进中央美术学院,我就要找一对一的老师给她补习英语。中央美术学院的校考合格证要发出去两万张,最后录取分数线都在 400 分以上,你想想这是什么概念,千军万马过独木桥啊!如果说你的文化课成绩不好,那你去了就是陪跑,钱不是白扔了嘛。你看孩子给我发的信息:'妈妈,在这个精英班里,高手"浓度"还是挺高的,左一个、右一个。我画了一幅画,自认为十分完美,可是看到别人画得也很厉害。'对手很强,这就是孩子的感觉。"

她转过头看楼下有无顾客光临,便继续说道:"我对她说,'你去北京不就是找对手去了吗?如果你感觉到舒适,你就进步不了。要是人人都夸你画得好,那么这就是你的最高分。都说你真棒,你能进步吗？你离中央美术学院的分数线差得太远了。只有到了高手中间，才知道强者是什么样的，才能看到自己的能力到底有多强。'她现在还很有信心，每天都给我打电话释放一下压力，以前我家姑娘是个冷美人，不给我打电话，也不给我发信息。现在一切都变了，知道只有家才是最温暖的地方。"

"孩子的培训费用高吗？"

"她现在上的是全寄宿学校，伙食费一个月3500元，学费13000元，还有一些杂七杂八的费用，一个月18000元左右。再加上店面租金和老二的花费，一个月我要支出4万多元。我和我老公两个人才能支撑下来。"

"那你的小女儿，以后也要学美术吗？"

"她现在在学舞蹈，毕竟还小，没考虑那么多。我想将来我老了，把这个店交给她经营。她可以一边当老师，一边照看店里的生意，她应该愿意吧。如果她想去外地，那我也没有办法。不过，照看店里的生意，她会比较轻松，不用那么累。你说现在到哪里不累？"

我俩聊天期间，进来了好几拨顾客，都是雯雯姐帮忙照看的。看得出来，有些顾客雯雯姐也是认识的。因为店员都请假了，所以人手不太够。这时，可盈姐也来了。时间大概是下午四点多，顾客一下子蜂拥而至，晶子姐、雯雯姐、可盈姐都去楼下照看生意，在楼梯上我问她："若用一种植物代表你，你觉得是什么？"于是便有了开头的对话。

这时的我已经有点疲惫了，自己在楼上喝了会儿茶水。作为父母，我想她更像一棵椰子树。

如果长在海边，就让孩子随着大海去往远方，找到自己心中美丽的海岛，然后茁壮成长；如果孩子落在脚下，就展开枝蔓为她们庇荫，免遭风雨侵袭。

她用最坚实的外壳保护孩子，让孩子在掉落的时候不至于摔碎，让孩子在航行的时候可以漂浮在海面。她准备了最清澈的营养液，护送孩子去往自己想去的地方。

给孩子第一口清泉，也给孩子生命中最纯净的清泉。

想见就能见到

"庆涛,我从北京回来了,有时间一起去庄严寺。"

"好,那你有空联系我。"

时间过去了一周,我主动发了信息。

"晚上有空吗?一起喝点儿?"

"好,你在哪?"

就这样,我们约在市中心的一家酒吧见面。

小虎离这里比较远,我选择坐地铁赴约。

路上有家水果店,因为我俩都没吃饭,我就进去买了一盒夏威夷果、一盒蓝莓,还有一盒红果参。

我还是第一次见红果参这种水果,盒子上印着的产地是云南。

再沿着武都路向前走了一会儿,右转就进到了巷道里。

酒吧映入眼帘,看样子是家新开的店面。在兰州,我一般记不住门面或者大楼的名称,但只要放大地图看一眼,不需要导航,也不会找错路。

推门进去是熟悉的铃铛声,看到装扮的花环和圣诞树,我才反应过来,原来又到年底了。

"能给我你们的酒水单吗?"

"请问几位?"

"两位。"

我选好座位，拿出刚买的水果请店员帮忙冲洗，又打开酒水单，选了一杯荔枝味儿的精酿。

拿出手机查看一下什么是红果参，原来是一种药材，味道不错，入口回甘，又不显得甜腻。

没多一会儿，看到小虎，我便举起手来让他看到我。

"本来说在北京见你，我也很想去怀柔，可惜实在没时间。"

"随缘呗，能见就见，见不到肯定是天意。"

我很早就说过要带他和伟子去嘉婧姐的小院，因为时间问题未能成行。小虎对佛教艺术和历史、哲学都很有研究，上次我们见面是九月份，他告诉我他从小就喜欢看书和学习宗教文化。

他帮我点了杯调制酒。

"太苦了！"我差点吐出来。

"我觉得挺好喝的，你慢慢喝。"他笑着看我。

这小子多少有点故意吧。

"看来你喜欢喝甜的。"

"也不是，只是这个太苦了。"

聊天中他总是在笑，我问他为什么笑。

"就是觉得你刚说的很好笑。"

他一笑，我就不敢说话了，感觉自己哪里说错了。

小虎比我小十岁，很多时候是作为倾听者存在的，这小子看来要比我成熟很多。

"我的朋友大多比我大。"他突然这么说了一句。

"我也是，你是我认识的朋友中第二小的。"

他是学播音主持的，上次去北京是因为一个郴州的宣传片需要录音。因为对历史文化感兴趣，所以他平时也混迹在导游圈子里。

在我俩聊天的过程中，他已经把所有的夏威夷果都剥好了。原来他喜欢吃坚果。

"你吃吧。"

"哦，好。"但我没吃几个。

我这人话多，尤其是喝了酒以后。他就听着。我在他面前说话是谨慎的，怕自己说错，最后总要加上一句"你说是吧"，他就配合我一句"嗯，是"。

"上次你给我送花是我没有想到的。"

"这样啊，上次那个花我专门选了配色，是跟你书的整体风格搭配在一起的颜色。"

"我身边的人大都对我很好，你是其中之一。"

"你现在是大名人，到处都是你的粉丝。"

"你就取笑我吧。我还算名人啊？就是普通人，我的账号都是当朋友圈用的。"

"我可没取笑你，已经很好了。"

我们边喝酒边聊天，时间过得很快。到了酒吧要打烊的时候，已经过了凌晨，我结账时被告知他提前买了单。

我们又约好第二天下午在五泉山见面，然后出门打了车各自回家。

第二天起床已经是十点了，我下楼遛狗但找不到耳机，手机上显示落在酒吧了。

我好久没有戴围巾了，在衣柜里拽出围巾，脱下已经穿好的羽绒服，换了件牛仔棉服，又装了几本书准备带给他。

在电梯里碰到邻居，我搭了顺风车先去酒吧取耳机，在陇西路口又路过那家水果店，进去买了些夏威夷果，一并放入书袋子里。

因为要去五泉山，所以我计划好去公园门口一定要买棉花糖吃。早上看见网上有卖家庭版的棉花糖机，两百多元一个，我想买给远方的一个朋友作为圣诞礼物。又想到上周看到他在直播间展示了自己的圣诞节书房，决定先考虑考虑，要不等他过生日再买给他。

五泉山门口以前有很多小商贩夹道卖货，很是热闹，现在冷冷清清的，街道确实宽敞了，但动物园没了，我也不愿再多去。只有一家固定摊位的女孩在卖棉花糖，但没有棉花糖机。

棉花糖什么时候需要用塑料袋包起来卖了？五颜六色的，看样子像是批发来的，也不知放了多少天。算了，果断放弃。

思索之际，他发来消息："我到了。你喝咖啡吗？不过是奶茶店做的咖啡。"

"那算了，我带了矿泉水。"

他走路时腰板挺得直直的，不过我看到了他裤子上的油点。原来他跟我一样，也是个邋遢包。

"我的手机照相功能不佳，能不能用一下你的手机？"

我拿出 iPhone 递给他。用了一会儿，他说："iPhone 拍视频可以，拍照片细节处理得不好。"

我翻了翻包，又拿出华为手机递给他。"原来是这样，我之前用华为拍月亮确实不错。"

在庄严寺里，他拍了两百多张关于壁画和建筑的照片。

"这种工艺叫'沥粉堆金'。""你看这个毛发！""你看这个眉眼，画得太好了！"……他很有兴致，边拍边跟我讲这些绘画工艺。

"要不是地震和'文革'，我们兰州的古建筑和文物是可以媲美山西的。"这是他站在庄严寺大殿门口告诉我的。

"忙完了我就带你去吃饭。"

"嗯，好，去吃什么？"

"素斋。"

"先去白云观看看，你不是让我带你去吗？"

"也好。"

到了白云观，我先带他看了吕祖显圣之石，又一一介绍各位先圣的尊像给他听。

我告诉他，这些仙人都是做了大德之事才配享供奉的，我很敬佩他们。我不信仰宗教，只是单纯地认为他们值得尊敬，他们的思想对后世产生了很重要的影响。

从白云观出来，我们沿着南滨河路一路向东，大概半小时就到了净觉餐厅，这里的老板已经皈依三宝了。

上次来这家餐厅，老板说很早就关注了我。他说我是因他的感召而来的，因为他一直想请我去他的餐厅做客。

小虎说很多素食餐厅卖价都很贵，这一家还好，价格适中。

"我很喜欢这个金耳西芹百合，你要尝尝。"我指着那盘晶莹剔透的素菜说，"我们甘肃是菌菇生产大省，产量全国靠前，这个金耳我之前还卖过。"

"我是第二次吃，以前我都不知道。"

吃了饭，我们一起走去地铁站。

路上飘起了雪花，朋友圈里已经有热心人发出暴雪预警："兰州中心气象台2024年12月9日10时34分发布暴雪蓝色预警：预计9日15时至10日20时，兰州、白银、定西、临夏等市州及甘南北部、天水西部、平凉西部、庆阳西部、张掖南部、武威南部将出现大雪；临夏南部、定西西部、兰州南部、白银中部将出现暴雪。请注意防范！"

在地铁上，我把这条信息转发给小虎。

"已经下起来了。"快到家时他发来信息。

"你到家了吗？"

"到了。"

"下次见面就约在省政府附近，坐地铁回家我俩时间一致。"

我给小虎准备的书中，有些是送给他的，还有些是借给他的，暗含着下次还要再见的意思。

我现在不喜欢偏冷色的白光，我希望家里是温暖的，暖光虽然没有实际的体感温度，但令人心里感到很舒适，就像是打开了暖炉，坐在一旁烤火。

回到家，我煮了奶茶，用老树滇红煮的，味道很好。毛毛过来望着我，把爪子搭在我的腿上。好吧，那给你喝。

倒了一碗给它，它没喝。

"你不喝，这两天都别喝牛奶了。"

我指着它的碗告诉它，可它转身去了卧室。

"吓唬谁呢？"这就是它的回复。

编辑好公众号的文章，又要下楼带毛毛上厕所。

地面已经白了，想起去年写的诗。

雪鬼

我是雪中鬼

年年西风此时归

我在雪中睡
地为毯树为被
八仙共狂醉
鹅毛落天垂
轻纱笼寒水
似把心揉碎
逢雪入九寒
一片飞来处处坠

第六章
Chapter 06

诗酒趁年华

兰州下起了初雪,冬淇刚刚下班。两个小时前,她把剪好的片子发给了我。

"我本来还想给你发一个9分钟的版本和一个14分钟的版本,后来考虑到发给你,你可能都没有地方用,还会造成困扰。这个片子我剪辑了四天,5分钟的版本里把很多细节给砍掉了,其实我心里还是很不爽的,因为每一个细节延展开,恰恰都是亮点。无奈短视频的传播规律,我只能忍痛割爱。此刻,我感觉很轻松,至少给自己一个交代,至于9分钟和14分钟的版本,我还会反复利用,无论在广播中,还是在短视频中。2024年的第一场雪,致敬《大河两岸 岁月兰州》。"

这一刻,我深刻地意识到,这件事我做对了,不是金钱和事业的成功,而是《大河两岸 岁月兰州》问世。大家深爱的不是沐泽川,也不是张庆涛,他们爱的是自己的家。因为这本书的问世,我结交了很多新朋友,也有效地避开了孤独。

孤独是我没有办法回避的话题,我渴望被别人看到,被他人关注。随着时间的推移,年龄会让我变得安静。而学会独处,才能等来花开。

我每周会腾出一到两天收拾家务,不仅仅是扫除和整理衣物。我会把桌子挪个方向,或者在网上买个地毯铺上,然后再把橱柜里许久不用的锅碗瓢盆扔出去。上次见面,小虎告诉我,如果长时间没有人跟你说话，你读书时就要读出声音来，或者出去运动一下，这些都是很好的调节情绪的方法。

去年我把家里的沙发和茶几丢了出去，一是因为自己用不到，二是因为毛毛每年有两次换毛，那些掉下来的毛会藏匿在隐蔽的沙发后面。我换了一张两米多长的大桌，用起来真是方便。我把十年前开公司时买的打印机拿去科技街，花了120元修好，摆在桌面上，笔记本电脑也有了安放的地方。很多近期要用的书也摆在桌子上，还有一个出水就热的水壶。

以前洗手间总是反臭，我把地漏都换成了防臭的，还是有臭味，并且家里总是有蛾蠓到处乱飞。索性买了一个新的马桶，找了个师傅上门安装。因为旧马桶没有做好管道口的密封，所以用堵漏粉重新收拾一遍，这才装上了新马桶。我本来想换一个智能马桶，后来想想还是算了，装个机械式的，不至于人每次都躲着马桶走，因为一不小心马桶盖就会自动打开。洗手间的纸巾旁，我也配上了湿巾。

我买了两组书架，撑满了两面墙。空余的格子处放入很多杂七杂八的小物件，找起来方便很多。卧室的衣柜我也不要了，搬开的时候，后面全是毛发和尘土。我安装了晾衣架，买了几十个衣挂，把所有的衣物都挂起来，免得还要一件一件地叠放。这样找起来更快，衣服上也不会有褶子。

再过一两个月，我想出去转转。先去趟四川，再往东走，穿过湖南去江西看看。这几个地方都有我想见的人，我想跟他们吃吃饭、喝喝酒，道别后又不知何时才能再见。

上层楼

十几年前,我就有个想法,要是能回到过去,我会想尽一切办法改变自己的人生轨迹,或者弥补那些曾经犯过的错误。

最近一段时间,微短剧开始流行,其中比较火爆的主题就是"重生"。虽然这些视频的质量大都比不上影视作品,但这一题材之所以能有这么高的流量,很大程度上应该归结为——这是很多人的想法。

比如在学前班的时候,我妈给我报了一个绘画班,现在的我会选择坚持下去。当时第一堂课教的是素描画圆,我却怎么都画不圆,所以放弃了。

比如在三四年级的时候,我会努力把应用题学好,这样就不会耽误中学学习数学的进度。

比如在高考填报志愿的时候坚持学习美术,而不是选择计算机专业,最起码我会把书法练好。

比如毕业以后不去北京和深圳,而是留在兰州考个公务员。

比如十几年前如果不开公司,我也不会浪费两年时间去做自己不喜欢做的事。

比如要是知道我现在依旧孤身一人,我是不会付出精力去追求那些我当时喜欢的人的。

比如要是知道哪些人终将渐行渐远,我也不会凑上去跟他们产生交集……

当然，这世上没有后悔药可以买，我也决然回不到过去。而今天的我，也是曾经的我在每一个路口做出选择的必然结果。

2010年、2011年、2013年，在这三个年头里，我伤害过三个女孩，辜负了她们对我的心意，其中两人再也没有见过面，已经失去了联系。最后的告别也显得过于绝情，我想给自己的虚伪留下一丝体面，回到过去，把自己对她们说过的话全部收回。

婚姻

2010年，我回到兰州，随后在一家广告公司就职。

这段时间我经常和L联系，我们是中学同学。

那时候我俩走得近，是因为放学同路。她总是送我她喜爱的磁带，比如周传雄的《黄昏》刚出来，她就把它递到了我手里。

后来分班，她成绩好，去了别的班上。我也有了属于自己的自行车，不再步行回家。我一直不太在意她对我的关注是不是和别人不一样，只是把她当作我的好朋友。分班以后，甚至一直跟她保持通信，这些信由她的闺蜜在我们中间来回传递。在懵懵懂懂之中，虽然我似乎也感受到不一样的情感，但我始终保持着矜持的姿态，因为我只是把她当作普通朋友，认为只要保持这样的关系就很好。

从深圳回到兰州，有天晚上我打电话叫她出来，突然告诉她我想跟她结婚的想法，没想到她非常痛快地答应了。那时的我刚刚二十四岁。我为什么会提出这个想法呢？因为那段时间强烈的迷茫感，还有前一段感情的不顺利，促使我迫切地想要建立一段新的关系，而走入婚姻会让我摆脱空虚。没错，我想利用她对我的感情。

在这个计划中，第一个环节就是让她先见见我的爸妈，而这个计划也结束在跟爸妈见面后。

我妈说，他们认为我还年轻，不希望我这么早结婚，而她也并不符合他们对未来儿媳的期望。但如果我非要坚持，他们也会同意。

没错，我接受了爸妈的建议。我打电话给她，说爸妈不同意，其实更重要的原因是我并不喜欢她。对我来说，我考虑的只是她适不适合结婚，并不是我希望在整个人生中有她的陪伴。

这件事我觉得自己做得很无耻，虽然这是当时她所期望的，但这也成为我内心的一份懊悔。如果她此时能看到这段话，我想对她说声："对不起！"

重聚

后来我成立了一家广告公司，主要是针对IT行业做广告投放（直投杂志广告）。公司运营第三个月，偶然在QQ上联系到W，我问她想不想来跟我一起创业。一周后，我收到了她的回复，她处理好离职手续就来找我。

我把公司的出纳工作交给W，有些外出的收款工作也由她负责，她总是奔波于客户和公司之间。从深圳到兰州，她的工资从四五千元一下落到一千多元，现在想来，如果不是因为她喜欢我，很难有女孩子能穿越上千公里跑来大西北。

我似乎显得过于自私，最后由于公司经营不善她要离开兰州时，我跟她大吵一架。我把自己扮演得怒不可遏，责怪她的不负责任。除了她，我在公司里确实也没有可以完全信任的人了。

W说她妈妈催她结婚,给她安排了相亲对象,然后她给我买了一双回力的跑步鞋,拎着包就走了。我站在楼上,望着她远去的身影,一个人手足无措。也许那双鞋和要回去结婚的理由,就是她对我最后的提醒:她是想跟我走在一起的吧。一年后,我听说她有了孩子,这也成了我不再去打扰她的理由。一句"对不起",也要跟她说。

辞职

2012年,我进入一所大学从事辅导员工作,那时候认识了F。F是专业课教员。我们属于以校企合作的方式被派到大学工作,人事档案在企业方,我和F在一个办公室里工作。

F性格很开朗,大大咧咧。如果晚上没有课,我们经常出去逛街,或者在周末偶尔出去喝酒。我以前喝酒都不会划拳,自从跟她出去了几次,就学会了。

那时候我跟直属领导在工作问题上有分歧,刚开始她总是私下想办法帮我调解,后来就干脆站在我这一边了。

我一直觉得跟F保持这样的哥们儿关系挺好,可是身旁的人应该多多少少都感受到了她对我的心意,也提醒过我,只怪我没有掌握好分寸。

因为跟领导的关系一直没有好转,F决定跟我一起辞职去重庆。关于这个决定,我们都没有通知家人。把行李塞入汽车后座,开着我的车,我们就毅然决然地上路了。

可能是因为去重庆的路程太过遥远,我们半路选择在西安落脚。我们在未央区租了房子,一起去旧货市场淘了张桌子,买了做饭的锅碗瓢盆，就这样开启了一小段合租生活。

或许是两年的相处，让我觉得自己对她产生了不一样的情愫，可我们始终没有越过边界，也没有确定关系。突然有一天，她说要去内蒙古找她的初恋，我并没有阻拦。一周后她回来，我告诉她一起回兰州吧。到了兰州，我把她送回家，离开的时候发了条微信给她："我们以后不要再见面了。"她回了句："好的。"不记得当时是她删的我，还是我删的她，没过多久就听说她结婚了。

我们再也没有见过面。前年我发了条短信给她，说想见见她，想当面道个歉。收到拒绝的回复时，已经是两天以后了。

我希望这三段故事的主人公都能看到我想要对她们说的抱歉，也希望她们都能幸福。

这就是我想回到过去的理由，可这又怎么可能呢？

如果想回到过去，时间不会给我机会。就算是回去，我会重新做出选择吗？或许工作和生活轨迹可以改变，可对于情感的选择，也许什么都不会变。

知我者，谓我心忧

前天刚送走伟子，我就发了高烧，今天刚缓过来一点。

"下次别来兰州找我了，你在我这里吸我的阳气，就像黑山老妖一样。"

送他去车站的时候，我感觉自己要生病了。整个人没有力气，肌肉酸痛，就说了句话逗他。

"真的吗？真的不能来了吗？"

"你情商好低！"

到了车站，放下他，我们说了声"再见"，就再次分别了。

今年我们已经无数次地分别了。上次分开是在两个多月以前，他为了送我，一路从怀柔开着自己的车，陪我到了张家口，住了一晚，第二天才返回北京。

很多时候，我真的被他的单纯震惊。我俩本身只是有点工作上的交集，没想到他竟然成了我可以肆无忌惮开玩笑的人。

那天刷到一个短视频，是大冰的。大冰说："任何玩笑都有真实的成分。"

我把这条视频转给他，问他："你觉得我跟你开玩笑有没有认真的成分？比如经常侮辱你的段子。"

他回了个"翻白眼"的表情。

遇到正事，其实我都是很严肃的，从来不会启用这种交谈模式。

"你说,那个谁到底怎么样?"

"你说谁?"他已经听烦了我关于感情的话题。

"就那个某某某。你觉得我们有没有可能性?"

"反正不是我喜欢的类型。"

我的情感经历,几乎都讲给他听了。有时他会帮我剖析一下,有时听烦了就假装没听见,或者冷淡地回一句。

他也跟我分享过自己的秘密。他说自己曾经因为情感问题给对方下过跪,最终两人也没成。听了他的故事,我突然感觉男人有时候也很无脑。

"如果是好朋友,一定会互相分享秘密,特别是喝了酒之后。"这是他给我的告诫。

因为我是个自来熟,见到想打交道的人,总是会把自己的故事一下托底说出来。不过,有时也会保留一些关键部分,等到更熟络的时候再说。

小虎知道伟子来兰州找我,我约他一起来家里喝酒。

本来想着去菜市场买点菜,回家煮火锅。去了菜铺子一看,乱七八糟一大堆菜,好多煮火锅的食材看着也不太新鲜,就商议点了个火锅外卖,也省得麻烦了。

喝酒的时候,小虎问我:"你平时不说谎吗?"

"不说,如果是重要的事,我只会选择性地说一部分,不会全说。因为一旦说谎,过段时间自己就忘了说过什么了,到时候圆不回去。"

那晚是伟子到兰州的第一天,我们三个喝了一斤青稞酒。

我现在跟朋友喝酒,很喜欢买青稞酒,因为我每次喝了都不会头疼。

大概晚上十点，小虎还有其他酒局，我俩送他到楼下，回家又聊到夜里三点才算结束。

时间倒回到2022年，大概是夏天。伟子让我有空去他家玩，因为时间紧，我就没去他家附近，而是在涿州找了个商场见面。

第一次见面，他手里提着一包点心站在路边等我。我说："你这开了个不好的头，第一次见面就送礼物。我也没给你准备什么礼物，这套茶具送给你吧。"说着，就把车上的一套茶具送给了他。

这次是我在从四川去往东北的路上。

"那时候见你，少年感还很强。仅仅两年，你就成熟了很多。"

"那时候见你头就很大，现在依然头很大。"我开玩笑道。

"你怎么总拿我开涮？"

"因为别人我不敢啊！你真是给我带来了不少快乐！"

在我眼里，伟子是个有点笨拙的人，还有很多小聪明，还粗心，还好面子，还爱臭美……

他有这么多毛病，按道理我们应该不会成为好朋友，可是恰恰相反，他成了我为数不多的能卸下防备交流的人。

上次去湖南见他的朋友，我喝得大醉，吐了一桌子西瓜水，最后是他把我弄回了酒店。

"今天我可能要喝醉，你不要喝酒，你要负责把我送回去。"

这是我醉倒前记得跟他说过的最后一句话。等我再次睁开眼睛的时候，一下就跃回了酒店的床上。

虽然伟子比我大，可我总感觉他缺乏很多生活经验。甚至一起出门时，夜里他都不能开车。他自己不做饭，总是点外卖，脾气也倔强，只是很少有人发现这一点。

上个月听他说胃疼，都不知道要吃什么药。去做肠胃镜检查时，发现有块息肉，直接切除了。我劝他不要总是点外卖，虽然我知道这样的劝告对他没有半点作用。

我对伟子的了解应当是立体的，因为我们交流的时间很多，经常因为工作的事打电话沟通，也会闲聊生活琐事。

夏天我去北京，伟子的爸爸已经到了弥留之际。其实他没有过多地与我提起这件事，我只知道他爸爸很早就抛下了妻子和儿子，和别的女人组建了新的家庭。可是到了最后，连送葬的费用都要伟子来出，他跟别的女人生的孩子甚至都没有到床前尽孝。

伟子借了点钱，把他爸爸的后事安排了。谈起这件事的时候，我俩正在北京逛大观园。

北京的蚊子都是尾巴上带着白环的黑蚊子，尤其是在大观园这种水多的地方。那段时间，我在北京经常被蚊子咬，每次外出都要给全身喷上防蚊喷雾。奇怪的是，北京的蚊子却不怎么咬伟子。还好我长期生活在兰州，兰州的蚊子也不怎么咬我。

伟子爸爸的过世其实并没有给他带来太多的难过，因为在他的成长阶段中，父亲这一角色基本上是缺失的。小时候，他家是镇子上第一家做纯净水生意的，他经常待在水桶中间写作业。因为做生意，他家成了镇子上的首富，是当地为数不多家里有宝马车的。后来好像是因为债务和女人的问题，他爸留了一屁股债，就抛下他们母子二人去南方生活了。伟子的妈妈就这样担起了养家的责任，每天跑出租车供他上学。

"上次我妈还问起你呢。"

"问我什么？"

"我妈说：'你的那个作者朋友，我还经常刷到他的视频，他什么时候还来北京？'我就说你经常来，不过你现在吃素了。我妈知道你吃素以后，让我也吃素。"

"哈哈哈，吃不吃素的另说，你还是要少吃包装食品。"

六七月的时候我去了趟北京，那次还去了他妈妈家。家里有两只小猫，伟子的妈妈就跟两只小猫住着。

"我妈现在每天生活很简单，自己做饭自己吃。有的时候不想做饭，她就去附近的寺庙吃斋饭，一份斋饭10元钱。有时候还会跟她的老姐妹们一起唱唱歌。"

"我看阿姨的长相，年轻时一定很漂亮，而且个头也高。为什么你一点都不像她？"

"我随我爸，我爸个头矮。那时候我爸追我妈，每天骑着自行车就去我姥姥家门口等，姥姥家是不同意的。后来我妈被我爸的执着打动，就答应了。但是他出轨了，最终还是对不起我妈。"

有的时候，我觉得自己对朋友挺苛刻的。也许是因为和伟子更熟悉，说起话来总是无所顾忌。

他每天都洗澡，一天要洗一两次，我劝他也不听。我告诉他在北方，尤其是冬天，不能这么频繁地洗澡，会伤害身体。他脱发严重，自己不做饭，总是点外卖，吃包装食品，看来他还是需要娶个媳妇监督他。

男人过了四十岁是不是身体就会走下坡路？这一点我不敢确定，但我一直很注重保养身体。我从大学毕业开始，就一直在坚持锻炼。有时候跳跳绳，有时候跑跑步，有时候会在家里举杠铃。

伟子说他办了张健身年卡，健身房就在自己家楼下。上次我在北京的时候拿着他的卡去锻炼，恰好那家健身房在装修，也就作罢。不过据我观察，伟子自己也不怎么去。健身卡或许是大多数人的自我心理安慰罢了，我总觉得要是想锻炼，何必在意要不要去健身房呢？又不是参加健美比赛，上学时不是教了基本的锻炼方法吗？我在几年前也办过健身卡，很长时间没有去锻炼，后来健身房倒闭，会员费退不了，也不知该去哪里找责任人。

这里为什么要提锻炼身体的事情呢？因为上次我们两个去湖北爬山，爬完山，他腿疼了好几天。我以为自己也会腿疼，没想到什么事都没有。

说起那次爬山，我又想起一件事。山脚下有很多卖软糖的，就是用各种干果做成的散装软糖。我们原本计划外出游玩一天只能吃一顿饭，后来爬完山回酒店，我一回头，看到他大包小包提了好几袋糖果。这一路上但凡是饿了，他就拿出一大盒子糖当饭吃。我说："你这样吃糖，还不如按时吃饭好。"可我知道即便是按时吃饭，他也不会舍弃这些糖。

今早刚挂断伟子的电话，电话内容无非是借着工作的名义跟我聊几句。

"我给毛毛买了德州扒鸡，你记得取一下快递。"

他给毛毛买鸡，是因为我送他去车站的时候，他嘱咐我要给毛毛喂饭。我就回了句："你还管得挺多，你又没给毛毛买过吃的。"紧接着，毛毛就收到了他的德州扒鸡。

不错，上次用同样的方法，毛毛收到了他买的牛奶。

伟子害怕我不跟他做朋友，所以多数时候会迁就我的心情。上次他说，他要是死了，就把财产给我继承。我说："好啊，你们北京的房子那么值钱,我占了大便宜了。但是我死了,房子可不给你继承。"

"你怎么这样?"

"我就是要让你知道社会险恶、朋友不靠谱……"

这就是我们在一起时的对话模式。总之,真正的好朋友之间首先要互相知道对方的秘密,还有就是对方知道无论你说什么,或者他说什么,你们都还是朋友。

任何人之间的相处,不要看他说了什么,而要看他做了什么;不要听别人口中的他,而要看你眼里的他。

广寒宫

"张老师,我把你的视频和新书都推荐到我们的家长群里了,你看看。"

随后,我收到了一个小女孩的视频,她正在朗诵我写在书里的诗——《龙的孩子》。

代老师是银滩泽华小学的音乐老师,也负责管理校园广播站的工作。在《大河两岸 岁月兰州》出版以后,她利用暑假时间带领学生和家长录制了一系列关于讲解兰州的视频。

"张老师,在明天的签售会上,孩子们给你准备了惊喜。"

"真的很感谢你们,但是不必这么麻烦。"

"主要是因为孩子们喜欢你,你不用操心,到时候你就知道了。"

新书出版不到一个月的时间,出版社借着甘肃新华书店举办的书展,做了一次新书签售活动。在这次活动中,我收到了自己职业生涯中最贵重的礼物。

在前面,我已经大致介绍了这次签售会。

当我看到孩子们送上来的蛋糕时,简直高兴得语无伦次,满口都是感谢的话。整个蛋糕是按照《大河两岸 岁月兰州》的样子做的,孩子们给我戴上了红领巾,家长们穿着印有"岁月兰州"字样的T恤,我还收到了很多孩子们亲手制作的礼物,欣赏了他们的口琴表演……

《大河两岸 岁月兰州》是我写的第一本书,我从来都没有想过会有这么多读者。我曾担忧自己的书卖不出去,雯雯姐宽慰我说:"你做了一件兰州人都想做的事,大家当然都希望你能卖好啊,你就不要担心了!"

那天孩子们送给我很多小礼物,有小扇子、小纸鹤、小刺绣和各种小手工。在众多礼物中,有一件是我格外喜欢的,那就是一张我的彩铅画像,它被木框装裱起来。很难想象这是出自一名小学生之手,我将它摆在书架上,我想每天都能见到它。

有一天,我约了代老师出来喝茶。见到她才知道那天是她的生日,中午她刚跟儿子一起庆祝完。我本来想让她说说自己的故事,但聊了很多,听的都是她在讲工作上的事。她非常关注现在的教育问题,鼓励兴趣教育,反对一味地为了成绩而让孩子们硬背功课。

虽然代老师是名音乐老师,但她希望通过自己的努力,能让孩子们提升对学习的兴趣。她告诉我,现在很多孩子的脸上都失去了朝气。她希望通过她的音乐课和校园广播站的工作,能提升孩子们的活力和灵性。

在我看来,代老师是一名孤勇者,她在以文化课为主导的教育体系里成为一名音乐老师,可是她并不孤单,因为她身边还有那么多可爱的孩子,甚至她把这些孩子也变成了我的小书友。

我也听她聊了点自己的生活状态和家庭生活,在聊天中,她忽略了很多关于自己的内容。此后没几天,我就起身去了北京。

> 这个世界上没有人不孤独,这是谁都不能回避的话题。正因为孤独,我们才有了相见的机会。

北京下起了大雨,空气凉爽很多。我冒雨去超市买了两瓶牛奶,即使打着伞，衣服还是被淋透了。很久没淋雨了，我感觉很开心。等下周三做完活动，晚上我就要回兰州了。

腊八节前一周，我收到了延山的信息。他说有个文旅的活动，希望我能拍一段宣传定西的视频，于是我们相约去了临洮的岳麓山。

早上见面的时候，我把车停在高速路口，等着坐延山的车去临洮县城。路边有个早餐店，我进去买了两杯豆浆和两个包子，上车递给了他。

延山是陕西人，在兰州成了家，有妻、有孩、有公司。我一直认为他是个记忆力很好的人，背诗和讲故事不在话下。如果有机会认识他，他会给你有感情地用四川话背诵《蜀道难》，保证你好像置身于话剧舞台的现场。

从临洮回来没两天，他约我去喝酒。他说自己心情不好。

喝酒的时候，他什么也没说，一直在聊他最近看的书。从饭馆出来后，我陪他去停车场等代驾。这时，他突然问我："你知道我为什么叫你喝酒吗？"

"为什么？因为企业经营遇到困难了吗？身边人都觉得你的经营模式有问题，你的确需要调整一下。"

"不是，我明早要去办离婚手续。"

我很惊讶，在我看来，他不像是个处理不好家庭问题的男人。

"我也不知道为什么，她突然提出来的，可能就是前几天说了些不对付的话，吵了两句。这几天我都没有回家住。"

我感觉到他很沮丧，也不知道该怎么安慰他。

"你可以去我那里住，我打地铺就好了。反正我就一个人住，也很方便。"

"没事,我还是得回去。她不知道办离婚手续需要的东西在哪里,明早我还得早起。在兰州,我真的没什么朋友,很多人都是由于生意上的往来才打交道的。"

我到家的时候,嘱咐他不要想太多,又发了句"山重水复疑无路",他回了我"柳暗花明又一村"。

游山西村

[宋] 陆游

莫笑农家腊酒浑,丰年留客足鸡豚。
山重水复疑无路,柳暗花明又一村。
箫鼓追随春社近,衣冠简朴古风存。
从今若许闲乘月,拄杖无时夜叩门。

不要笑话农家腊月里待客的酒浑浊,在丰收的年景里,他们待客的菜肴非常丰盛。

不要担心一重重高山和一条条河流过后就没有路了,柳暗花明间又会看到一个村落。

已经快到敲锣打鼓迎新春的日子了,这里依旧是简朴的古代风俗。

从今往后,若是再有空闲的时间,我肯定会趁着月色外出闲游。到时我拄着拐杖,就算是半夜也会随时来敲你家的门。

这两年,做图书的主播,很多已经去卖日用品了。中国的图书价格其实已经很低了。我在济南的时候,出租车司机听说我要去书展,就说:"现在谁还读书啊?读书有什么用?"没想到在齐鲁大地这样一个文化大省,还能听到这种声音。我总觉得要跟他理论一番,可话到嘴边,也只说了一句:"如果没有人读书,这个国家就走下坡路了。"司机淡淡地回了我一句:"少年强则国强。"读书俨然成了孩子们的事。

读书、学习这件事我其实也不喜欢,因为它需要大脑高度集中,是一件累人的事。可是很多人都没有想过一点:自从有了简牍,图书这个行业就没有消亡过。

士、农、工、商的排列是有顺序的,这几个字我建议不要理解成"人",我们抛弃阶级观念,把它们理解为各个行业。掌握知识的群体被定为士,其实就是从事知识传播的这个行业,故而古代官员会在这个群体中选拔。"农为邦本,本固邦宁。"只要有饭吃,国家就会安定。工为制造业,负责衣、住、行,也是一个国家强盛的基石。商则负责流通。如果这个顺序变成了商、工、农、士,恐怕有些本末倒置。掌管知识传播和粮食生产的行业排在最后,说明人们都不想学习和种地,都想赚快钱。一旦以商人为崇拜的对象,没有了食物,没有了产品,那么商业能流通什么呢?

从事与图书相关的行业,虽不是大富大贵之路,却需要长久、持续的坚持。这块骨头很难啃,路上的同伴比起其他行业也少很多,寥寥可数。

心如广寒,却滋养万物。这是我面对孤单时,对自己最大的激励。(广寒宫是太阴星君的居所。太阴星君是《山海经》中的月仙,名为"常羲",掌管广寒宫。她也是嫦娥的原型,随着历史的发展,与嫦娥有所区分。岳、渎、湖、海皆为其管辖。)

逍遥游

上次在北京宋庄见到了本心老师,没想到她是一位玉石大师。

从台前县进京的路上,我接到了晶子姐的电话,她把我的书赠予了一位老师,邀请我有空在北京约见一下,我回复第二天确定好时间便去见面。

一进门,我就收到了本心老师的赠书——《汉泽西》。本心老师是个穿着很朴素的人。我问她"汉泽西"是什么意思,她让我自己想。我想了想说:"是不是汉文化影响到西方的意思?"她会心一笑。本心老师给我讲于阗籽料。她说:"当你知道了玉的形成过程,应当会无比欣赏这样一种石头。"

今天查了查手机,原来玉石的形成是受到了极大的板块压力,矿物因地壳运动受到挤压而成。中国人自古就喜欢玉,而玉石的形成竟要背负如此沉重的痛苦。不仅如此,籽料还要经过再三雕琢,最终才能成为精美的饰品、工艺品等。一块玉石都要承受如此巨大的磨炼,才能展示在众人眼前。如果它由血肉铸成,那么忍受刻刀每一次的雕琢,是不是都会钻心地痛?

我进京时,一路凉风,紫霞夕照,真是绝美的景色。可惜我一路开车,无暇照相。离开北京前,伟子突然要带我去看大观园,很是巧合,这会儿在机场看到《汉泽西》的一篇序言,也提到了《红楼梦》里被偏爱的各种跟玉相关的人物形象。在第一篇序言里,本心老师的老朋友对她的评价竟然是"妆容精致,踩着高跟鞋的时尚 lady"。看来我是体会到了什么叫"洗尽铅华"。

中午跟沛珂聊了会儿微信,我俩在讨论工作方向的问题,最终落脚点在"做自己擅长的事",我就拍照给她看《等一切风平浪静》。

她问我:"你随时都带着这本书吗?"

我说:"我身边到处都是这本书,不需要带。"

在自己擅长的领域做一件事,哪怕一生只做成一件,即使无数次跌倒,再爬起来,经历无数回锻造、雕琢,你终将成为自己心中,乃至别人眼中的英雄。

我不喜欢沉默的人。曾经遇到很多人,都以沉默的方式回应我,刚开始的热烈让我无比欣喜,后来的沉默让我跌落谷底。似乎在沉默后,一切无厘头、一切质问、一切歇斯底里都属于我一个人。这些人仿佛在告诉我:"你看吧,错都在你。你看看自己的疯狂,我不理你就是对的,我要跟你保持距离。"虽然这些话我未曾听到,但我总觉得他们对我说过。

沉默是对我最深刻的伤害。当有人明确说爱我的时候,我会不顾一切地开始规划未来的生活,最后沉默就会成为远离我的利器。因为沉默会将我变成疯子,我会在不停追问缘由的时候变得激动,我总是在不停寻找答案的过程中,让泪水冲刷眼眶。可是我又能怎么样呢?一直以来,这些人不都是这样吗?人都很现实,大部分人寻求的其实不是爱,而是对未来生活的保障,是对方的财富能够给予自己多少心安,故而借爱的名义跟你达成情感交易。或许说为了追求保障是抬高了这种爱,这种爱应该是为了满足这些人更高的物欲而编织出来的,这些人从未想过未来可以共同创造。除此之外,还有人要求我的爱不能具有排他性。这些人总想从我这里借以友情的名义来换取爱情的福利,说我是恋爱脑,总想跟我保持不冷不热的关系。

我希望将来那个爱我的人在见到我的时候,还没有看过山海,这样就能跟我一起去一次。希望我们相遇时,能一起去没有手机信号的地方露营两个星期,吃随身携带的干粮和自己采摘的蘑菇、野菜。我想架起炭炉,烤上提前买来的羊腿,还有提前买好的火锅底料一起涮羊肉。晚上,我们一起看星空,早晨被帐篷内滴下来的露水叫醒。下雨的时候,我们就一起听雨水打在帐篷上的声音,然后……然后就这样永远不要回到城市,然后就一直生活在一个真实而又不现实的世界里。今天又是个不想面对孤独的夜晚。

我的旅途似乎永远没有目的地,一切都是随机的不期而遇。又要登上济南去往青岛的动车了,没有意外的话还要转去北京。我的工作计划一贯是大致的、没有明确细节和时间的。在写上一本书时,其实我连梗概都没有起草。从序言写起,一直写,一切想法和逻辑都是随机迸发的。写到三分之一时,伟子带着诗文的意见稿来兰州见我,最终确定了出版。

"张庆涛!"这是班主任在叫我,我是兰州七中的学生。十月份,在北京去往沈阳的高铁上,我接到了高中恩师的电话:"庆涛,学校后天举办八十周年校庆,希望你能来。我看你最近不在兰州,你能来吗?"

"我一定去,明天我赶回兰州。"

因为白天要去辽宁博物馆看难得展出的国宝《瑞鹤图》,我就买了晚上十点多返回兰州的机票。到家已经是夜里十二点多了,我匆匆睡下,第二天早上七点的闹钟还没来得及响,就自然醒了。

校庆的欢迎仪式很隆重，我签到后在图书室就座，没过五分钟就见到了金老师，她特意穿了身黑色的正装。金老师教历史，我是她大学毕业后带的第一届学生，上学时我的考试成绩在班里算是垫底的，也不知为何，现在倒开始学起来了。

"金老师为你感到自豪！"

"我也没做什么了不起的事，就是个普通学生。"

我们聊了聊班里同学的近况，我又问："崔老师还好吗？"

"我打电话叫她来！"

崔老师是个很可爱的女老师，有一次我把荀子的《劝学》很快就背下来了，她一直拿这件事在班上表扬了我很多次，其实我也就认真背了这么一篇。再后来，她的话就变成了"你现在也不认真背了"，被一直批评到了毕业。很遗憾没有见到英语王老师，还有地理赵老师……崔老师告诉我，王老师退休了。地理老师那里人太多，也没见到他。也许时隔二十几年，他们也很难记得我了。

整个活动大概持续了三个多小时。我看了学生们的文艺表演，现在的孩子比我们要自信很多，表现力非常好。直到我回到家，金老师发来信息："你们是我前进的动力！我们都要加油！"

"你们种下的种子都会发芽。'山下出泉，蒙；君子以果行育德'……"

有一次，我和伟子坐房山线路过永定河。永定河是北京的母亲河，有小黄河之称。北京城就建立在永定河的冲积扇上。年轻时，它曾无数次地泛滥，才成就了今天的北京小平原。犹如一个人的情感，在无数次决堤、泛滥后，总有一天会被治理，也总有一天会站在曾经的伤疤上成就自己的辉煌。

八月，我驾车近2000公里，从兰州抵达郴州，歇两天就去往北京方向了。一进郴州城，我先看到的是各种跟"仙"相关的元素，于是专程去了趟苏仙岭。

道教有十大洞天、三十六小洞天和七十二福地，皆仙人居处游憩之地。"洞天"指仙人修行时所用洞室，可以贯通上天，通达诸山。七十二福地，均为真人、地仙修行之地。

苏仙岭位于湖南省郴州市，有一种说法是，这里是道家第十八福地。"郴州"意为森林之城，郴山为邻，郴江相环。"郴江幸自绕郴山，为谁流下潇湘去"是秦观的名句。苏耽因孝养母亲、济世救人，从而位列仙班。在他成仙前，预知郴州将有一场瘟疫，便嘱咐母亲用橘叶熬井水救民，从而挽救了百姓的生命。此事被记载在西汉刘向著的《列仙传》里，且多部古籍均有介绍。

苏仙岭在道家福地中的排名靠前，是因为苏耽是中国孝文化的典型人物。苏仙传说也是郴州市苏仙区唯一一个非物质文化遗产项目。

西安事变后，张学良曾被软禁在苏仙岭的苏仙观中，他在这里写下了"恨天低，大鹏有翅愁难展"的名句。此外，这里也是楚怀王流放屈原时的一个重要驿站，徐霞客、周敦颐也均在此处留下过足迹。

我来郴州是为见一个人，他是伟子的朋友，年龄比我大，在工作上帮过我的忙。第一天见面，他要请我们吃牛蛙，我不敢吃，拒绝了这道菜。他把当地的旅游攻略发给伟子，又邀请我们第二天一起喝酒。第二天，我一上来就把自己喝晕了。那天的荷花鱼很好吃，一大桌子菜，几乎没有辣椒。原来湖南人也有不吃辣的时候。

后来他因为工作来兰州，我回请他吃了羊羔肉。他吃不下羊头，只是夹了一筷子羊脑。我要请他喝黄酒，结果到了酒馆门口，他说我是老年人，然后就搜索了一家卖洋酒的酒吧。他说他赚钱容易些，非要请我喝酒。我告诉他这不是待客之道，在湖南他也没让我掏钱啊。

那天的黄河水很浑浊，我给他看了看冬天黄河的视频。他说没见过这么清澈的黄河，他还会再来。

我喜欢去水边。那天他到兰州时飞机晚点，我就去黄河边等他，间隙写下了《金柯雨》：

金柯雨，落酥秋；黄水寒，向东流，无所唱罢愁断肠。人也去，恨也去，残心房！

南雀归，无所怨，汩汩河水似箭。远山阁，月未升；不惊鸿，不淹没，盈暗香。

我在记叙这些故事的时候，内心是无比高兴的，因为我把他们和这些故事写下来了。我很庆幸自己能跟很多喜欢我的人相见，能聆听他们的故事，也能穿插自己的故事。我就像一条穿梭在鱼群之间的鱼，翱翔在天空中的鸟，这不禁让我想起了高中时背过的庄子的《逍遥游》。

"天牝"为海的别称。在古人的思想里，天上也是海上，所以唯有海是乾坤一体的，故而仙山都在海上。"冥"指"幽"，"北冥"说的是"北幽"。"冥"为"幽"，可"幽"不一定指"冥"。"幽"指隐蔽、空阔、僻静之处。"冥"与"天牝"对等。冥界、冥府为天地一体的地方。"北冥有鱼，其名为鲲。""鲲"在海天一体的"天牝"之地，并非我们理解的现实中的海洋。鲲居于水，化而为鹏，怒而飞，故可以去往南冥天池。鲲鹏之间的相互转化，其实就是阴阳乾坤之间的辩证关系。海还有一个别称：朝夕池。有朝，也有夕。

后记
Postscript

年前，我安排了三个出行计划：一个是去四川的三星堆、金沙遗址，还有安岳的摩崖石刻；一个是去江西的上饶看钱钱；一个是回程时绕道去河南，再返程兰州。

我把计划告诉了伟子，他说去江西这一段路想跟我一起，我就提议路上绕道湖南，再去郴州喝酒。伟子欣然同意了。

先说四川吧，这段旅程是在除夕前。之所以要去四川，是因为小虎想去看安岳的摩崖石刻，我就提议顺便去一趟三星堆。

从广汉的三星堆到安岳的摩崖石刻，我看到了蜀地精美绝伦的石雕艺术和古代青铜器的至高工艺。每次出来时间都是紧促的，开着车在一个小小的县城里来回穿梭。当我看到千年前的文物留下岁月的痕迹时，不免崇敬过去人们的精神世界，忽然觉得自己的灵魂无比匮乏。我第一次知道风是可以留在菩萨身上的；第一次知道《西游记》里的孔雀公主原来是孔雀大明王菩萨，也是道教玉皇的母亲宝月光皇后；原来紫竹水月头冠上的金箔还历历在目……中国古代文明所创造的艺术，真是现代人难以企及的。

除了看这些文物遗迹,我在四川又见到了容阿姨,上次见她已经是半年前了。她跟小虎是第一次见面,行程结束前,我们一起去了太古里,见到了用花灯扎成的《山海经》里的扶桑神树。

分别的时候,容阿姨给我和小虎一人一瓶好酒,还特意买了好多粽子送到酒店。

大年初一,伟子坐飞机来兰州,我们两个就向着江西出发了。去罢江西,伟子要回去上班,我计划从半路分开后,回程路上可以叫上小虎。问他是否愿意同行,他欣然答应了。这样小虎就从兰州坐飞机到郑州与我会合,我们一路可以去很多地方,最后返回兰州。

伟子说,跟我在一起的时候,是他人生中开车最多的时候。他从来没有开过这么远的长途,车技得到了大幅提升。我说:"我跟你在一起的时候,也是我人生中笑点最多的时候,因为我从来都没有这样笑过。"路上我总是拿伟子开涮,他也很配合,因为每次他都说不过我,所以只能无奈地配合我。

我们第一站先到西安。我告诉西安的烜烜小姨,我要路过西安,也因为炜炜小姨回国了,刚好过来看看她们。大年初二,我们在西安吃了顿家宴,我把伟子介绍给家人。

这次聚餐,我被伟子和烜烜小姨笑惨了。他们两个都喝醉了,我正在跟炜炜小姨聊天,突然看到烜烜小姨腿一软跪在地上,伟子正在和她说话,看见我小姨跪下,他也跪下了,然后两个人就开始互相拜了起来。我赶忙上前把他俩扶起来,没想到吃完饭,在酒店大堂,两个人又上演了一出相同的戏码。

第二天我问伟子,为什么喝醉了的两个人要跪地上互拜。伟子告诉我,烜烜小姨跟他说,涛涛对朋友都很好,请他一定不要伤害我,说到动情之处，加上酒精催化，她就跪下了。伟子一看长辈跪下了，他也就跪下了。笑归笑，烜烜小姨喝得酩酊大醉时，还能想着我不要受伤，想着保护我，虽然这种表达方式对清醒的人来说太过滑稽，但我听了心里难免酸楚。

在分别之前，炜炜小姨叮嘱我要少喝酒，因为酒精极容易引起肝硬化。一旦酒精中毒，就医又不及时，肝脏和肾脏就会瞬间失去代谢功能，很容易丧失生命。炜炜小姨还说："你看看别人喝醉时的样子，就会想到自己喝醉后是什么样，以后还是要少喝点。"

离开西安，我们就开车去往郴州了。在郴州，我们受到了非常热情的款待，第一晚认识了很多新朋友，第二晚被邀请去家里喝酒，我拿出从兰州带过去的青稞酒给大家品尝。那天喝酒，我又喝醉了，话很多，我把自己的故事讲给大家听。我想他们应该都很惊讶，因为很多人为了保护自己，都不会把个人隐私说出来。当然，面对大众，很多事确实是不能方方面面都展示出来的，因为大家想看到的都是你光鲜出色的那一面。但对我来说，我不过是个普通人。既然大家是朋友，我愿意分享出来，只是传达一个信息：我不认为听到这些事的人会拿这些事来伤害我，况且这些破碎的人生故事，不过是一些过往而已。

喝着喝着，我就离开餐桌，一个人坐到沙发上去抹眼泪了，因为我想起了中午去看的电影《哪吒2》。那天是大年初五，当时还没想到这部动画电影会这么火。它让我回想起小时候在动画片中看到的哪吒自刎的场景。在新的电影里，这个情节被改编成哪吒为了突破穿心咒的禁锢，肉身被撕裂成无数碎片，同样让我破防。我还想起小时候被我爸捏着鼻子喂药的情景。借着酒劲儿，我在酒店里哭了一个多小时。山水郎不想再远行了，只想待在家里。

回到酒店，我发了条朋友圈：我父即我母，我母即我父，我把肉身还给你们，但是，你们不要离开我！不要离开我！不要！不要！不要！我有三头六臂，不要担心我！

这不是电影里的台词。回想起做过的事，自己何尝不是哪吒呢！我经常在外面闯祸，何尝不是父母一直挡在前面，事后又为我擦屁股呢！发这条朋友圈的目的，其实我只是想告诉爸妈：不要担心我！

看到这条朋友圈，好多人都打电话给伟子，问我怎么样，生怕我喝了酒会引起精神问题。

离开湖南时，郴州的哥哥也告诉我让我少喝点酒。

今年过年我很高兴，因为我见到了心心念念的钱钱和钱钱奶奶，见到了一年都难见一面的炜炜小姨，又看到了烜烜小姨喝醉酒的样子。我还拥抱了小姨姥姥，结识了许多新朋友。今年过年，愧疚也一直伴随着我，因为我没有陪在爸妈的身边。

十几年下来，近40万公里，我的车快被我跑报废了。我认识了很多人，我想把你们跟我在一起的故事都记录下来。

我创建了一个微信小号，把我近期见过的朋友都加了进去，不过这里面没有爸妈，因为他们看到我发的朋友圈，有时会担心我。这个号不到40个人，我也不想再加其他人进来了。当然，那个1000多人的大号我也在用，只是不会经常去看它了。我把大号的朋友圈彻底关闭了，既看不到别人的，自己也不会再更新了。

在合肥机场，我送走了要回去上班的伟子，在郑州等到了小虎。我们一起去了一些地方，比如王屋山脚下的阳台宫、运城的永乐宫、国内仅存的四处唐代木结构建筑之一——广仁王庙。

我终于知道了白乐天号"香山居士"的原因,还是因为元稹。有一晚我们在洛阳落脚,一早去了佛教的祖庭白马寺,午饭没吃就又赶到了龙门石窟。到了龙门石窟,我才知道白居易把自己安葬在这附近。好巧,我刚写了一篇元稹和白居易相识的过往,这段故事叫作《吾人难相逢,斯境不易得》。"微之"是白居易称呼元稹的常用名,他用元稹家人给他的润笔费修缮了香山寺,隔着洛水斜望卢舍那佛。卢舍那佛是中国佛教造像史上最杰出的作品,被称为"东方蒙娜丽莎""世界最美雕像"。修缮香山寺的润笔费则是他替元九写墓志铭得来,原来白乐天希望把这最美的雕像留给微之一起看。

每次出入甘肃,我都要来回地穿越秦岭。有时是我一个人,有时是我爸妈,有时是我爷爷、姑姑,有时是伟子,有时是F,有时是雪雪,有时是顺顺……而这一次出去的时候是伟子,回来的时候是小虎。

我总觉得自己很孤单,可是你看看我身边这些人,我又何曾孤单过?高兴的时候,我可以在他们面前唱歌;失恋的时候,有人陪我喝酒;迷茫的时候,又有更优秀的人出现在我身边,以此作为对我的激励;成功的时候,有人为我喝彩;住院的时候,有人记挂着我;出去玩的时候,总有他们成为我的旅伴……

回来的路上,小虎陪我去了趟重阳宫。这里是道教全真派祖庭,也是我见过的道观里唯一用金顶琉璃装饰的重檐歇山顶大殿,规格之高,实为罕见。彼时北宋遭金国进犯,王重阳年轻有为,文武双举,本想报效国家,奈何贵族软腐。王重阳闭关七年,掘地自居,这才有了著名的"活死人墓"。后来他去往山东,收了七个弟子,就是全真七子。这些人的画像,我在永乐宫的大殿里也见到了。小时候看电视剧,心想这些人和事都是金庸先生杜撰出来的,没想到都是真实存在的。来到重阳宫,我一下子就想起了小龙女来这里救孙婆婆和杨过的场景,可惜这世上根本没有他俩。

以后不喝酒了,说不喝就不喝。之前,孙思邈说要少吃肉,我就不吃了;丘处机说不要贪财恋色,我也照做了;这下子酒也不能喝了。"酒,酒。恶唇,赃口。性多昏,神不秀……"

好了,我把酒戒了,因为很多人都告诉我不要喝酒了。昨天我去邓明老师家看望他,他说自己从来烟酒不沾,但是肉还是要吃一点,每天保证吃200克,这样身体才不会出问题。

下面是我在《大河两岸 岁月兰州》签售会上收到的一张祝福卡片:

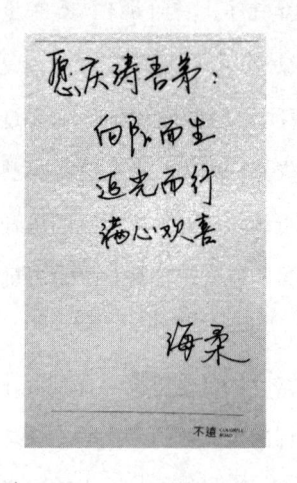

也愿你:

向阳而生

追光而行

满心欢喜

……

没有到不了的地方

念彼安康,只愿久伴

"结交须胜己,似我不如无。"(出自《增广贤文》)

"于道各努力,千里自同风。"(出自宋·周行己《送友人东归》)

"桃花潭水深千尺,不及汪伦送我情。"(出自唐·李白《赠汪伦》)

"人生贵相知,何必金与钱?"(出自唐·李白《赠友人三首·其二》)

"贫贱之知不可忘,糟糠之妻不下堂。"(出自南朝·范晔《后汉书·宋弘传》)

"莫愁前路无知己,天下谁人不识君。"(出自唐·高适《别董大二首·其一》)

"正是江南好风景,落花时节又逢君。"(出自唐·杜甫《江南逢李龟年》)

"同是天涯沦落人,相逢何必曾相识。"(出自唐·白居易《琵琶行》)

"相知无远近,万里尚为邻。"(出自唐·张九龄《送韦城李少府》)

"投我以桃,报之以李。"(出自《诗经·大雅·抑》)

"一生大笑能几回,斗酒相逢须醉倒。"(出自唐·岑参《凉州馆中与诸判官夜集》)

"相逢意气为君饮,系马高楼垂柳边。"(出自唐·王维《少年行四首·其一》)

"海内存知己,天涯若比邻。"(出自唐·王勃《送杜少府之任蜀州》)

"青山一道同云雨,明月何曾是两乡。"(出自唐·王昌龄《送柴侍御》)

"少孤为客早,多难识君迟。"(出自唐·卢纶《送李端》)

"朋友,以义合者。"(出自宋·朱熹《四书集注·论语·乡党》)

"君子淡以亲,小人甘以绝。"(出自战国·庄周《庄子·山木》)

"人生结交在终始,莫为升沉中路分。"(出自唐·贺兰进明《行路难五首·其五》)

……